Introduction

It is recommended to use a pencil to solve the word searches instead of a marker or pen to reduce the chance of bleed through occuring through the back of the pages.

The words can be found in any direction including diagonal and backwards. On occasion there are some letters that will be used for two different words. Solutions can be found at the back of the book.

Thank you for purchasing our book and have fun solving!

TABLE OF CONTENTS

FOOTBALL TERMS

```
E T N U N P S R N S H H T C K O T G
D R H G P O S S E S S I O N R C N E
N A S R S K C S I Y T O U L T N G K
V T A E I C C S X F A J T T P C Q Z
V S R C R I M A V Z N L J N O O U Z
A E K O C K V M B A K E P M I V Z P
D S D R X P F F L G I E K A I O I Y
B L W D T O W I L A N V Z M C C C J
Y A R Q W R A E Q O G I C O O S J O
C F G Q J D S L Z N R E N N U G U H
J P I I G F V D X D J T V N F Y B Z
I N N R J Q E G Q L A E M B U F V H
I Y U O S R V O V I R V G J M R E Y
F O P X S T A A N S R I L U B Y X H
E R J F P L D L I X A D S G L A T B
O H A O P T I O N R U N I L E A C X
Z T D U U X N W W M P Z A S C I O D
Q O O G X F Q Y X N M N B Q A J A U
```

COINTOSS
CONTAIN
CONVERSION
DIVE
DROPKICK
FALSESTART
FIELDGOAL

FIRSTDOWN
FUMBLE
GUNNER
KICK
OPTIONRUN
PLAYER
POSSESSION

RECORD
REDZONE
RUNNINGBACK
TANKING
WILSON

FOOTBALL PLAYERS

```
Z E H J F C U H K Y X C B W G U M I
D W D J J W A T T X C A I N S E Z Y
Y A D A L L O G G R X P A U E O R Z
B N B Y N Y A B J R I W Z B N H E K
Q Q Z L E H C M C W H I T W O R T H
W D Z O V A U C A W A N S A J U N H
C S H N H G T N Y R G D E F C S U V
N E E S L S L O T C J R S B O S H Q
A E N M B U C K N E R A Y L G W X R
R R O I O V C S A W R W C E J I Y H
O B T T C H X U Z D X Y S K S L B Y
H W L H P K A L L N H E X J S S Y I
J E I R C V C M E Q P H D L Q O E G
G R H I Q D M H T S H E R M A N N K
W D Y R I S K T U A I G A M P B W G
J O T L C M W A H B P F Y T S E O K
R G M L Y E L K R A B Q B R M Y L B
R P P R X P J V I O O I C C V E C V
```

BARKLEY	DREWBREES	NICKCHUBB
BIGBEN	GOLLADAY	PATMAHOMES
BUCKNER	HEYWARD	RUSSWILSON
BYARD	HUNTER	SHERMAN
CJONES	JAYLONSMITH	TYHILTON
CLOWNEY	JJWATT	WHITWORTH
DANHUNTER	LAMARJACKSON	

PAST LEGENDS

```
E  J  W  B  O  T  T  O  G  R  A  H  A  M  M  E  Y  K
E  C  O  S  Z  Y  E  K  H  C  S  T  I  N  Y  A  R  K
H  T  I  M  S  T  T  I  M  M  E  A  D  E  M  P  K  D
I  A  E  R  N  S  R  B  T  J  P  M  O  N  F  M  D  W
N  A  C  F  Y  J  V  G  T  Y  U  A  R  K  J  T  F  P
O  J  S  R  S  R  O  Z  U  N  D  N  E  I  J  S  V  C
F  S  I  A  O  N  R  E  D  R  E  E  D  P  N  A  E  U
L  T  W  M  Z  L  H  E  M  G  Q  O  L  E  N  E  H  P
C  E  E  A  P  K  Y  W  J  O  I  J  W  H  I  O  U  B
V  V  L  N  L  A  Z  A  I  Z  N  O  T  Y  E  P  R  E
R  E  Y  H  C  Q  R  S  T  J  L  T  U  M  K  Q  Y  L
Z  Y  A  Y  Y  C  F  K  T  L  V  M  A  X  L  B  U  M
A  O  R  N  U  R  G  N  E  E  Q  J  L  N  U  H  O  M
U  U  N  F  C  R  W  R  H  R  S  Q  J  S  A  I  W  P
V  N  Y  U  P  S  R  Y  C  B  X  X  S  Q  F  U  I  Z
M  G  V  P  M  E  V  G  R  O  N  N  I  E  L  O  T  T
N  E  J  M  T  H  A  T  A  V  B  J  D  C  I  E  X  B
L  P  P  Y  K  J  J  I  M  T  H  O  R  P  E  K  R  U
```

EDREED	JOEMONTANA	RAYLEWIS
EMMITTSMITH	JOENAMATH	RAYNITSCHKE
FAULK	LTAYLOR	RONNIELOTT
GONZALEZ	MARCHETTI	STEVEYOUNG
JERRYRICE	MUNOZ	TERRELLOWENS
JIMPARKER	OTTOGRAHAM	
JIMTHORPE	PEYTON	

FOOTBALL COLLEGES

```
D  K  T  H  W  M  A  M  O  H  A  L  K  O  M  X  H  L
C  K  Z  K  F  K  W  A  P  T  H  K  U  P  N  N  N  M
C  S  U  E  A  K  S  A  R  B  E  N  V  M  I  V  C  K
L  L  A  N  P  S  E  H  K  E  D  A  Z  Y  S  S  P  N
S  E  S  G  R  J  V  F  T  I  N  D  I  A  N  A  J  J
U  A  D  D  Q  P  P  W  Z  U  K  A  A  O  A  O  A  B
S  I  O  N  I  L  L  I  D  E  D  J  G  M  C  K  H  K
M  N  E  R  Z  F  Q  C  I  O  N  I  I  K  S  M  I  B
Q  H  C  E  T  S  A  X  E  T  H  N  G  G  I  I  O  F
I  K  E  T  H  N  O  L  D  C  N  Y  S  Y  W  C  S  E
M  R  C  S  D  O  A  K  I  E  V  G  W  T  F  H  T  U
X  M  N  E  H  A  M  M  S  P  Y  D  E  U  A  S  A  U
S  S  A  W  O  I  F  O  U  Y  B  X  V  B  U  T  T  J
G  A  A  H  D  O  T  R  O  L  Y  A  B  L  S  A  E  F
L  W  B  T  U  A  D  G  K  Z  I  C  P  G  T  T  V  A
H  L  R  R  R  U  T  G  E  R  S  Z  U  A  I  E  S  X
K  K  P  O  E  Y  N  A  M  A  R  Y  L  A  N  D  F  M
Z  U  X  N  I  C  B  P  P  X  X  T  U  L  Q  D  S  G
```

AUSTIN	MINNESOTA	RUTGERS
BAYLOR	NEBRASKA	TEXASTECH
ILLINOIS	NORTHWESTERN	UOFIOWA
INDIANA	OHIOSTATE	UOFMICHIGAN
KANSAS	OKLAHOMA	WISCONSIN
MARYLAND	PENNSTATE	
MICHSTATE	PURDUE	

FOOTBALL CITIES

```
X  J  Z  H  Y  O  Y  I  F  D  K  A  B  I  Y  A  Q  O
V  X  L  R  T  L  V  Y  K  K  T  Q  Z  M  Z  C  G  P
B  U  F  F  A  L  O  T  A  I  M  A  I  M  I  V  K  O
K  Z  O  J  L  O  L  N  O  T  K  N  Z  T  T  J  S  T
T  R  F  P  N  S  S  M  A  R  N  D  E  R  G  D  H  T
M  C  H  I  C  A  G  O  O  E  O  O  Q  F  F  A  L  Y
X  H  I  Z  S  N  G  Y  A  E  T  K  A  R  X  P  A  H
J  N  X  C  N  G  W  P  S  H  G  Y  N  E  H  U  I  W
C  B  I  H  E  E  O  V  H  G  N  R  L  V  C  H  H  O
D  T  O  S  N  L  H  V  O  T  I  Y  E  N  H  G  P  O
Y  F  V  S  I  E  S  E  U  U  H  Q  L  E  W  R  L  X
G  O  D  S  T  S  B  Y  S  Y  S  H  L  D  N  U  E  N
E  E  N  E  R  O  M  I  T  L  A  B  I  B  E  B  D  A
V  L  A  A  Y  Z  N  X  O  I  W  M  V  O  B  S  A  R
D  P  L  T  K  T  T  R  N  O  P  B  H  M  L  T  L  Y
G  O  K  T  R  J  E  P  W  F  D  Q  S  S  T  T  I  H
S  D  A  L  L  A  S  T  X  S  G  L  A  E  H  I  H  W
P  K  O  E  O  S  I  C  N  A  R  F  N  A  S  P  P  L
```

BALTIMORE	HOUSTON	OAKLAND
BOSTON	KANSASCITY	PHILADELPHIA
BUFFALO	LOSANGELES	PITTSBURGH
CHICAGO	MIAMI	SEATTLE
DALLAS	MINNEAPOLIS	SANFRANCISCO
DENVER	NASHVILLE	WASHINGTON
GREENBAY	NEWYORK	

FOOTBALL TERMS

```
P  M  O  T  J  P  N  E  B  P  A  R  T  S  K  C  O  J
J  W  Y  P  P  H  U  R  R  Y  D  B  Y  S  C  O  U  T
O  J  W  U  R  O  U  O  G  Q  G  O  G  K  A  L  W  U
V  F  O  R  N  H  T  M  U  C  B  V  C  I  B  L  W  N
S  X  U  I  T  E  O  L  X  O  V  A  E  B  L  A  R  X
X  T  N  S  C  J  Y  X  E  V  B  P  S  P  L  B  A  S
A  X  Q  T  T  M  N  U  R  E  V  O  N  R  U  T  I  A
M  V  I  B  C  J  W  N  M  R  W  Y  E  O  F  O  V  R
L  O  X  A  E  W  O  I  U  K  P  N  F  F  Z  O  B  S
N  X  K  R  X  L  D  R  E  C  T  K  E  E  C  F  U  Z
C  N  A  F  Y  C  H  V  Q  A  E  W  D  S  K  C  F  T
S  A  O  P  E  D  T  B  F  B  M  S  P  S  D  C  D  E
L  F  D  E  O  S  R  F  O  R  M  A  T  I  O  N  X  M
U  N  D  E  Q  R  U  T  X  E  V  F  H  O  U  E  Y  F
Q  P  O  W  G  B  O  O  M  N  J  X  X  N  D  Y  R  F
Z  S  V  S  K  I  F  H  X  R  N  L  G  A  R  D  O  M
H  C  O  M  P  E  T  I  T  O  R  I  R  L  N  I  J  X
F  Y  U  N  O  I  T  P  E  C  R  E  T  N  I  P  O  H
```

COMPETITOR	FORMATION	PROTECTION
CORNERBACK	FOURTHDOWN	PYLON
COVER	FULLBACK	SCOUT
DEFENSE	HURRY	SWEEP
DIMEBACK	INTERCEPTION	TURNOVER
DRAG	JOCKSTRAP	
FOOTBALL	PROFESSIONAL	

FOOTBALL PLAYERS

```
N A I O C H R Y E W Z T R A W H C S
T P G L R K T U E E S I U Q R A M T
E L D K Z R O S J A S O N K E L C E
I G R R X K D E S Y T E J W M L X F
V M S C A Z D N S S U O E T N E G O
T Y R G E H G O Q I W G I D R N G N
Q L N V L R U J B X O L J R N Z A D
S E K S D T R N N V R S B E A T L I
Q S U Y D V L O A O F X Z Q W M B G
Q G X F E D E R W I N J A M E S E G
F A H Z W B Y Y A R E C H I L U D S
B R A D C H U B B A R N E E R G J A
B R D N I Z D L Y M G B K G O Q V X
W E B Z R L T X K E U F N O L G W Q
A T C M E C V Q X D R M Y V V Y F C J
W T U X O L C E Z C L E O N A R D V
P X T H Y Z K X N E L E I H T P I F
D R A Y B N I V E K Z Y E V E A E O
```

AJGREEN
ALLEN
BRADCHUBB
BYRONJONES
DEMARIO
DERWINJAMES
ERICWEDDLE

JASONKELCE
KEVINBYARD
LEONARD
MARIOTA
MARQUISE
MYLESGARRETT
NGAKOUE

RENFROW
SCHWARTZ
STEFONDIGGS
TAYLORLEWAN
THIELEN
TODDGURLEY

STADIUMS

```
M K R I X U W K L P B S O U J I W Y
B V S I K C O R D R A H I U P J F N
L A K C N O E L A M E M O R I A L V
A J M U I D A T S G R N N L G O A K
V Z M K L D A E H W O R R A C R M D
S S T N Y L L G Y O U Q D N C X B T
O O P K R F F E D E X F I E L D E K
A L M M U O O T I T Z L U W L S A R
A D S W T R Y C M F R M O X O D U E
A I J F N D W G S E Z B Q R R U K P
M E X F E F N I O M N N Z Z N Q V G
W R U Y C I V A H O D V I H X D N V
E F I L T E M W T D E T T E L L I G
I I M E L L O T W A T E T B H X P D
J E B X X D O S M C J Y I X D P H P
D L U K U C R L A R T N E C G N I R
X D L E I F A R E W E N T P O S J L
D U M B F Z F U Y C Y J E R D X O K
```

ARROWHEAD	HARDROCK	NEWERAFIELD
ATANDT	HEINZFIELD	NRGSTADIUM
CENTURYLINK	LAMBEAU	RCADOME
COTTONBOWL	LAMEMORIAL	RINGCENTRAL
FEDEXFIELD	LEVIS	SOLDIERFIELD
FORDFIELD	LINCOLN	
GILLETTE	METLIFE	

FOOTBALL PLAYERS

```
C D A Y E S M A R N E L A J X L W U
F S P L N I W D O G S I R H C L U S
A A E H G U B Q Y L D F M E Q J S R
H B K C W B I S E N O J S I R H C W
X U P E L T T I K G B V T U N S I L
N E C U Q Y E S A C L L E R R U J X
N V H K A A R O N D O N A L D H X U
M E C E D A V A N T E A D A M S G Q
Z E U K O O C N I V L A D T U M E B
O R L U N A Y M C C A F F R E Y R Q
S P E L A A R O N R O D G E R S A H
M U E H U P D X O C R E H C T E L F
X D Y U D N T N A D R O J M A C D W
X D J N Z E J Q J Z R W C B V T M A
G U B D Q O B S H U Q A U T A X C Z
T B A L N R F B Q E E M J K O Q C A
H K E E N A N A L L E N E K J A O P
W V S Y I B U L B G J E L Q M A Y Y
```

AARONDONALD
AARONJONES
AARONRODGERS
ARMSTEAD
BUDDUPREE
CAMJORDAN
CHRISGODWIN

CHRISJONES
DALVINCOOK
DAVANTEADAMS
FLETCHERCOX
GERALDMCCOY
HUNDLEY
JALENRAMSEY

JURRELLCASEY
KEENANALLEN
KITTLE
LUKEKUECHLY
MCCAFFREY
TUNSIL

FOOTBALL TERMS

```
F G I R C N F L S U N D A Y O M F I
G G W G F W Y N D S A D J X N U M J
L N L W T N U E N C A T E C Z E D R
G C K C O L B T U C K P W C G I T V
U H D W J C D S O L W I N R M A A I
O S L S C O M E B A C K E E R S M S
V N W M D R E D F L A G U C E C Y K
E D I S K A E W O D S S Q P N R Q R
K T C S Z A S T T G H R M Q R I C F
T V E E D Q N R U O O I C M O M E S
P Z X L Y I I P O R N L E Z C M N I
J T Y U P C B K A Q N E M Z N A T O
V J W R K M X B H V T P D J I G E O
C A R P N D O R L F U B M N F E R H
V L L E Y R O C R I A A L W F C P X
K A W C X T Q A N A H H R O O S P V
Y B A L L C A R R I E R Y U C Q X J
N M N B U T J W O B B K S D R K S N
```

AIRCORYELL
BALLCARRIER
BLOCK
CENTER
COFFINCORNER
COMEBACK
CUTBLOCK

DIME
HOOK
INCOMPLETE
NFLSUNDAY
OUTOFBOUNDS
REDFLAG
RETURN

RULES
SCREENPASS
SCRIMMAGE
TRICKPLAY
WEAKSIDE

FOOTBALL TERMS

```
U T I L I T Y U T O V V W G A B O D
X U C N K I E C B M N W I O D U I O
U G S W Q S D M E V U J L A M B V Q
K T S O Q O W L L D M K D L H B A I
L R E D C P O V Z E J G C L L A M
V E C H H C X J I D H K A I P E O R
R I O C A W E Z G A L F R N A S R F
C J N U M L N Z N E L U D E H C S R
I H D O P E O M I O G Z K D O R P E
K G A T I F Z U H J T O T V D E H W
L T R T O T D Z G H S V E Y R E S B
J Q Y N N G A D U W U R L H C N E B
U C D A S U E M O Y A R D A G E V M
Z M H B H A D B R G P H C L Y C O C
G O O M I R G N E O D L M O V T L T
R M Y D P D Z B D W F Z U G S G G Q
G R O P K N L R O T A T C E P S X I
G Y N O Z P A L R N I K C I Z M W Z
```

BENCH
BUBBLESCREEN
CHAMPIONSHIP
COVERAGE
DEADZONE
FLAG
GLOVES

GOALLINE
HELMET
LEFTGUARD
ROUGHING
SCHEDULE
SECONDARY
SPECTATOR

TFORMATION
TOUCHDOWN
UTILITY
WILDCARD
YARDAGE

FOOTBALL TERMS

```
W  P  Y  T  V  V  I  R  R  U  H  M  O  W  L  U  J  R
L  U  O  Y  O  M  E  Q  V  W  A  N  R  A  L  H  A  C
Z  U  B  K  A  N  T  I  A  J  I  C  U  F  A  L  K  K
Q  Z  W  T  E  T  Q  W  I  C  U  G  G  K  B  Y  D  W
U  D  H  E  J  T  E  R  K  M  U  D  U  Y  D  K  I  X
C  U  W  L  E  E  I  E  A  F  K  F  G  G  A  B  U  G
O  T  K  F  I  R  L  K  N  U  A  B  Q  E  E  E  L  F
Z  N  M  T  V  B  G  N  R  E  D  A  R  T  D  G  X  W
E  E  M  U  A  Q  U  A  R  T  E  R  B  A  C  K  L  V
N  G  C  C  W  C  X  L  P  L  J  T  R  R  S  O  Q  T
R  A  K  K  I  B  U  F  K  J  Z  O  V  T  G  O  Z  H
J  E  H  R  G  Q  P  C  M  R  T  N  J  S  Z  H  A  M
J  E  D  U  W  I  A  Y  R  A  M  L  I  A  H  N  V  T
W  R  D  L  U  T  L  X  G  R  H  Y  V  M  D  O  R  L
A  F  H  E  O  H  C  E  D  I  S  G  N  O  R  T  S  Q
E  C  D  O  W  H  N  K  K  K  Z  U  F  F  H  T  W  Z
G  B  N  V  A  U  C  S  Z  I  V  F  C  V  G  U  M  B
R  K  T  R  F  R  E  Z  P  K  A  M  R  N  S  B  N  P
```

BUTTONHOOK	HANDOFF	TACKLE
DEADBALL	HOLDER	TIE
FLANKER	JUDGE	TRADE
FREEAGENT	NICKELBACK	TUCKRULE
GAP	QUARTERBACK	TWEENER
GATORADE	STRATEGY	
HAILMARY	STRONGSIDE	

PAST LEGENDS

```
X U Z M B K S R E Y A S E L A G D G
J D E T R C D J B G L C I J E E A Y
A I P S I K S R U G A N W E I O N A
J C N T X G R O R B S P E O E L M O
V K O A Y E L R E D D A N H N T A M
B E S U K S D E Y Y Z S E A A V R P
T R T B Q J K G O M A U E N L M I J
W S U A E D I G N N K K R N K A N R
X O H C R M X I D B U T G A C C O O
D N N H E K B E Q P S P U E H I K X D
H P O W D S R W S T F B O N D E X W
R Y D F G S M H S L Q K J H G Y W O
G Z F S R W A I H K M C F O C N G O
F W U O A W T T T Y D I S J C V R D
T E Z M N E D E U H Y D G F B U D S
F J U I G N U J U F Y R V D Q Z M O
M N U L E H M O W U F J L D G A E N
B Q I K D V F I L X N F H R B M V M
```

ADDERLEY

ALANPAGE

BRUCESMITH

DANMARINO

DEIONSANDERS

DICKBUTKUS

DICKERSON

DICKLANE

DONHUTSON

GALESAYERS

JOEGREENE

MACKEY

NAGURSKI

REDGRANGE

RODWOODSON

STAUBACH

UPSHAW

REGGIEWHITE

JOHNHANNAH

FOOTBALL PLAYERS

```
W E C L E K S I V A R T A S A D A S
Y V I E D J D E E F O R D M F N N C
Q S S W U P N F F O G D E R A J W A
F B P H I L I P R I V E R S F V S M
B D V R W P M N N E R D O U F A U H
M A A C D R Q R K U Z U M N D N I E
Z C T T K E J A R V I S L A N D R Y
D Y Y T Z M W O S M N H I S U E A W
Z S R E L L U F E L Y K G Z I R D A
Y O O R M J U P L M S N L N R E A R
I W N R W M A R G N I K R A M S Z D
S Q S A K C J D A S E X S S P C H N
P W M J X Q E Z K L A O O F R H P I
V T I Y K S K N Z F B J Q N R P D P
P Q T D H H F K T Y T M B W W Q V O
H W H A V C O L E M A N Q B B B G P
P I U R E N N O C S E M A J Q T K Y
X N Y G H U J K C A M L I L A H K A
```

CAMHEYWARD	JAREDGOFF	PHILIPRIVERS
COLEMAN	JARVISLANDRY	SANU
DEEFORD	JOEMIXON	TRAVISKELCE
DESHAUN	JOEYBOSA	ZADARIUS
GILMORE	KHALILMACK	
GRADYJARRETT	KYLEFULLER	
JAMESCONNER	MARKINGRAM	

Puzzle #15

FOOTBALL TERMS

```
W Z J V R S C Q B Z D C L H M A H S
X C G S G T D Q O L E A D B L O C K
N G K D M I U T G B M K L F F T K C
J M L B A F L E L B I D U A T Y L N
R W T N N F V Q C M T V S C G D W F
Y M N I I A E L A G N B O E B Y N Z
W F U V C R O N R Q O D T M H Y P V
X G O T G M A U R P I N N A G F E O
Y S C R B G H N Y W T X S S M S J N
Q P D A E V T B D J C N O K G I R K
C L R R I G H T G U A R D A G Y O L
G D A T S R W L J P E Z V G L B D C
I R H Y O S A D P Q R Z W R M P J X
R I X G T T G E H O V N P E P A Z Y
E L O H E E R H T G D A T S X Y Y Y
K L C H H C F D E F N O W S J T I J
H C I C B I C A V T L P B A K O A T
V T C E V K Y F S H O R T P U N T S
```

AUDIBLE
CARRY
DRILL
FACEMASK
HARDCOUNT
LATEHIT
LEADBLOCK

LOMBARDI
MANAGER
PANTS
PASSER
PAYTON
REACTIONTIME
RIGHTGUARD

SAFETY
SHORTPUNT
SNAPPER
STIFFARM
THREEHOLE

FOOTBALL PLAYERS

```
G N D P A L N U D O F O Y R Y D R R
H M K E E S B Y S N A V E E K I M P
Z U H U P T O G N T Y K N E I V A X
T X M F B R E B Z O U K U B K L A Q
D C R P C Z J R K I I B H O Q U E P
C U E I H T A M S C Z A T K P U V T
U T C A R R J Y Q O I T E N A O Y E
Y Q M R M P E W Y K N N O T Y R P B
C K A K V R L Y A X V T J Y E R K A
A Z Y V G V I J S T W P C E L H L H
S P F Z B Z M V D E T N K X N P K K
P Q I A C S K Y N B Q H D W O Z Y T
I Z E O I M S M I V I I O C C Z I I
L E L J V U A R L L Y B I P B C Z A
K J D U N C K R L J H Y Z L K M T R
G B L D A M A R I C O O P E R I C I
R P M A K I E M H I C K S L H E N W
I O E K R L U A P E R R E I P B N S
```

AKIEMHICKS   HUMPHREY   PHILLINDSAY
AMARICOOPER   JOETHUNEY   PIERREPAUL
BAHKTIARI   MATHIEU   RAMCZYK
CAMNEWTON   MAYFIELD   TJWATT
CONLEY   MIKEEVANS   TYREEKHILL
DUNLAP   NICKBOSA   XAVIEN
HOPKINS   PETERSON

Puzzle #17
FOOTBALL PLAYERS

ADAMTHIELEN
ANTONIOBROWN
BECKHAMJR
CALAIS
CARSONWENTZ
DAKPRESCOTT
DARIUSSLAY

DERRICKHENRY
EARLTHOMAS
EDDIEJACKSON
ERICEBRON
GENOATKINS
JOHNSON
JUJU

JULIOJONES
KIRKCOUSINS
MELVINGORDON
MIKETHOMAS
ROBERTWOODS
VONMILLER

FOOTBALL TERMS

```
E  J  Q  W  W  V  V  S  U  D  K  K  O  X  Z  E  W  D
A  O  W  W  P  C  R  R  N  W  C  J  C  T  J  P  O  G
I  K  V  E  W  V  J  O  L  E  I  P  Y  Q  T  W  D  B
N  B  A  V  W  U  H  B  C  D  K  K  B  R  N  Z  E  I
Z  M  T  Z  L  N  D  E  G  N  E  D  A  Z  I  E  G  G
E  I  L  A  E  B  I  P  P  R  E  S  S  U  R  E  R  Z
U  I  G  W  O  P  H  E  E  Z  R  T  M  X  P  A  E  M
K  S  H  U  T  D  O  W  N  B  F  R  P  N  S  C  E  X
H  Q  O  E  X  V  W  P  C  T  E  S  K  S  X  P  J  N
L  U  S  J  E  D  M  C  W  S  N  F  Z  C  S  O  I  K
N  A  C  S  U  G  T  K  C  N  A  M  O  T  N  A  M  Q
Y  D  O  R  S  G  L  I  L  Z  L  Z  F  E  H  L  P  M
O  W  W  G  N  S  T  A  T  I  S  T  I  C  S  D  A  F
Y  F  M  Q  W  C  Y  F  S  A  M  H  U  R  X  I  R  M
Y  Z  H  R  A  R  Q  Y  O  S  A  D  X  O  A  O  T  P
Z  O  Q  T  O  O  P  I  P  O  X  Z  B  F  T  N  G  Y
E  F  B  W  Z  N  P  O  F  W  N  H  F  E  J  T  V  J
P  A  Y  Q  F  I  S  D  K  C  H  P  X  C  R  T  W  X
```

CHAIN	LANE	SPRINT
DEGREE	MANTOMAN	SQUAD
DOWN	PASS	STATISTICS
FORCE	POST	TACTICS
FREEKICK	PRESSURE	TRAP
GOAL	SETPIECE	
GRASS	SHUTDOWN	

FOOTBALL TERMS

```
X V I M G Z E O B R E T R A U Q Y K
S O Y A R D L I N E S E A N E P S M
H N Q X U V E T T K P G Z G S E S P
E O T O U C H B A C K C A L J N O Z
X I R T T Q Y L N A H O Z E E A L D
S T N F H U J J J B E M T A P L I N
E I D Z E I T N J E X M K O J T K I
F T G S F T R H J N R I K V J Y S E
K E M N W A G D F I O S V W R Q O N
V P O N A D E A D L W S E X E N O A
D M O O Y L K Y Q O Y I U Y G Z R B
C O A U Y E C G I U W O R D N D E M
Y C O B P I A A Y W N N Q F I B L W
J W K U S F B V L A R E T A L Q B L
O F N B L N T O U L U R P S S X M I
E T J F U W O J N E E Z N Z N B U D
H P Y E S O L E J G L R S I U C F Y
C B J U G D S J D Q H A R R G P M W
```

ANGLE	JERSEY	SLOTBACK
COMMISSIONER	LATERAL	SNEAK
COMPETITION	LINEBACKER	THIRDDOWN
DOWNFIELD	LOSS	TOUCHBACK
FAKEPUNT	PENALTY	YARDLINE
FUMBLEROOSKI	QUARTER	
GUNSLINGER	SIGNALCALLER	

NFL/XFL TEAMS

```
M  F  T  Q  G  I  X  H  P  D  P  R  A  M  K  K  J  C
V  P  D  V  D  O  L  P  H  I  N  S  U  I  V  F  A  N
U  Y  T  B  E  I  A  U  M  N  D  F  T  R  E  U  G  G
P  P  C  F  O  R  T  Y  N  I  N  E  R  S  G  K  U  O
Z  A  E  N  F  O  R  C  E  R  S  K  V  N  Y  U  A  W
S  X  S  T  N  A  I  G  Y  K  S  N  Y  I  O  N  R  Z
O  X  T  R  N  Z  H  F  J  D  K  J  V  K  O  A  S  E
S  S  O  Z  E  C  G  Y  E  S  Q  I  J  S  I  C  Z  Q
V  G  I  H  I  L  Z  J  M  R  P  V  S  D  C  Q  N  J
X  P  R  S  V  B  E  R  E  E  N  K  E  E  H  N  E  F
L  P  T  H  Z  T  V  E  R  W  P  R  M  R  A  M  S  X
X  D  A  E  S  A  Y  S  T  A  S  G  N  I  K  I  V  D
T  N  P  W  X  B  C  E  X  S  N  P  F  Q  G  W  P  R
O  O  I  H  C  A  R  D  I  N  A  L  S  B  B  X  K  J
W  D  R  A  G  O  N  S  W  F  T  B  B  L  A  M  S  X
C  H  A  R  G  E  R  S  A  O  I  U  X  L  M  C  A  V
J  Q  T  Y  G  X  X  I  O  V  T  Z  W  D  T  J  R  A
V  A  D  D  F  E  N  Z  P  D  T  R  X  V  Z  A  B  A
```

CARDINALS	JAGUARS	STEELERS
CHARGERS	JETS	TEXANS
DOLPHINS	LIONS	TITANS
DRAGONS	PATRIOTS	VIKINGS
ENFORCERS	RAIDERS	VIPERS
FORTYNINERS	RAMS	XTREME
GIANTS	REDSKINS	

FOOTBALL TERMS

```
V U P O G W Q E P T D V I Z S Z M E
N F F E G J M Z J S E Y S A R V H Y
J Z X M F A K E S P I K E Z S T R U
D H A R G C M V Y C A R U C C A B Y
G W O E T I N P A E P C O L P O E O
R S M W T S L Z D T L R K A B G I Z
P O R F N N K A N N E L Y A I H G X
H C L P A S S R O U T E O Z G M E C
C A T O I U O I M P I L Z W C E H O
H O S R C N T T K D Y R S E F B G D
P Q C D B O X H C E X Q T O S L J O
J X H S N I L G A F J B A N S I A T
K U O E D T J A L F V A D P B W Q G
T E L A L P U L B U J X I A F V U B
G N K D L E I F V M Z N U S V V G I
T S N F S C O N I B N Q M Y I Z G X
H E U G A E L C Y E V J O S K C C N
S S A P D R A W R O F K F C D V X Y
```

ACCURACY
BLACKMONDAY
BOX
DROP
FAKESPIKE
FIELD
FORWARDPASS

GOAT
HALFTIME
HOMEGAME
LEAGUE
MUFFEDPUNT
PACKAGE
PASSROUTE

RECEPTION
SCORE
SPINNER
STADIUM
YELLOWFLAG

FOOTBALL TERMS

```
Y  V  V  H  F  N  O  I  T  I  S  O  P  Z  K  Z  S  F
X  I  V  Y  R  C  R  U  A  H  Y  C  A  F  R  A  I  R
U  Q  X  C  E  I  K  Z  P  Y  A  K  C  A  S  J  N  Y
L  G  W  A  R  K  H  B  N  S  L  D  Y  L  V  U  G  M
Q  Z  D  B  D  F  C  A  S  U  P  E  R  B  O  W  L  A
M  H  U  D  L  N  M  O  P  C  G  H  A  U  X  E  E  E
N  I  K  G  A  E  L  H  D  R  N  F  L  O  E  C  W  T
H  L  C  U  N  N  A  K  Z  O  I  I  A  V  R  N  I  L
C  M  O  I  I  E  E  C  G  W  N  B  S  U  E  E  N  A
M  L  L  W  C  E  I  T  H  G  N  X  G  K  T  R  G  I
P  K  B  N  G  V  F  I  U  E  U  N  M  U  R  E  T  C
P  Z  P  Y  O  R  S  R  W  U  R  P  E  E  A  F  U  E
Z  V  O  Q  A  T  S  G  N  T  O  S  F  E  T  R  Z  P
X  V  H  X  L  J  A  F  A  L  S  E  D  A  S  E  D  S
P  Z  C  E  P  K  P  H  W  U  R  U  G  J  S  T  O  M
Y  P  Z  R  O  H  H  L  G  E  I  N  Y  L  F  N  W  T
B  O  Q  L  S  W  J  W  E  A  U  J  V  F  D  I  Y  R
Y  P  U  N  T  R  E  T  U  R  N  U  Y  Q  E  G  L  K
```

BLEACHERS	PUNTRETURN	SPECIALTEAM
CHOPBLOCK	REFEREE	STARTER
FLY	RIBGUARD	SUPERBOWL
GOALPOST	RUNNINGPLAY	WHISTLE
INTERFERENCE	SACK	WINLOSS
LINEMAN	SALARYCAP	
POSITION	SINGLEWING	

FOOTBALL PLAYERS

```
D K F S M U C S A L G M Z H Q Q Q A
S U Z L R M E L V I N I N G R A M A
H U A T Z L G V I U Z A C H E R T Z
A E R I C K S O N I D Y N L N Z L F
M C A N D R E W L U C K I A G M D I
X R M A Z X O S N A Y R T T A M F F
I S A T E T C L R T A A R T W C H T
P Y K R Y T J Z R M S L A I Y D Q J
O N N I X E M U Z O R C M M B L J O
D T I A O K O S D C O K K O B A R S
P K V T O C S Y E U E N C R O R J H
V S L N C O L D D K F A A E B E T A
A M A M F L E A E X D R Z S Z G X L
L T F N B R Y R L O H F C E S Z B L
L V D G J E C B M Z B U K I Y T B E
S M A D A L A M A J G I A H E I J N
S N I U Z Y K O N Q E G W E G F N F
X G C Q C T O T O L O P P O R A G B
```

ALVINKAMARA

ANDREWLUCK

BOBBYWAGNER

CJMOSLEY

EDELMAN

ERICKSON

EZEKIEL

FITZGERALD

FRANKCLARK

GAROPPOLO

JAMALADAMS

JOSHALLEN

LATTIMORE

MATTRYAN

MCCOURTY

MELVININGRAM

TOMBRADY

TYLERLOCKETT

ZACHERTZ

ZACKMARTIN

Puzzle #24

NFL/XFL TEAMS

```
S F E I H C K P A N T H E R S N M W
C Y R C K T F A K Y A H B B H R W S Y
B R O W N S G B I K T M N K E R W G
X K X B W B N K C S Y G W Q E K R H
O T P R W J K D G K W H J D N R O I
Q B S O D O T K O W G F N E A E U V
U D T N N W C M W A Y E S J C N G P
C Q L C E R B F W H F E R Z C E H W
D A O O T V A B A E D N A S U G N O
K M C S H J A O D L R P E G B A E K
G L T Q C M Y R H T C A B H L D C M
R H S Z Z G T N K T H O G M D E K U
Q Q Z M S R E K C A P Z N P P S S V
X M F L A Q C J W B U R C S L S O M
G S L L I B W K L N A P A G J Y C Q
C Z C A N Y S L A G N E B S S R T U
M O I E T K T T D A K F E J D B M O
Z U R D S G I Z Z J R Q D T A X S M
```

BATTLEHAWKS
BEARS
BENGALS
BILLS
BRONCOS
BROWNS
BUCCANEERS

CHIEFS
COLTS
COWBOYS
DEFENDERS
EAGLES
FALCONS
PACKERS

PANTHERS
RAVENS
RENEGADES
ROUGHNECKS
SAINTS
SEAHAWKS

Puzzle #25

PAST LEGENDS

```
K  S  M  S  J  A  C  T  B  R  E  T  T  F  A  V  R  E
I  T  A  A  Q  N  W  O  R  B  M  I  J  N  M  S  N  T
R  L  V  B  O  J  A  C  K  S  O  N  G  X  W  U  I  R
C  D  H  L  S  Z  Y  E  B  I  H  L  A  B  A  A  D  E
C  D  M  L  K  P  B  E  D  N  A  R  I  K  L  E  E  B
N  Z  U  E  D  L  A  R  E  G  Z  T  I  F  T  S  A  M
H  R  N  B  P  S  J  E  T  L  G  W  S  P  E  R  C  A
E  R  N  P  K  J  O  H  N  E  L  W  A  Y  R  O  O  L
K  A  P  M  I  B  H  C  U  T  V  D  S  Y  P  I  N  K
T  N  O  A  R  Q  L  K  O  A  P  B  S  H  A  N  J  C
V  D  H  C  E  G  D  B  L  R  K  A  P  S  Y  U  O  A
Z  Y  L  L  I  L  B  O  B  Y  N  Q  T  X  T  J  N  J
E  M  P  R  T  W  V  O  L  D  R  O  S  X  O  I  E  H
L  O  E  A  A  Q  O  Y  E  Z  Y  G  S  Z  N  P  S  F
P  S  W  E  N  H  Y  R  M  J  I  A  Z  D  I  H  M  B
G  S  O  D  I  R  S  A  T  I  N  U  N  H  O  J  V  X
S  W  D  Y  V  O  W  C  N  M  L  P  T  T  R  O  E  R
O  S  O  X  E  J  S  X  Z  Z  Y  C  J  A  U  I  W  D
```

BARRYSANDERS
BEDNARIK
BOBLILLY
BOJACKSON
BRETTFAVRE
DEACONJONES
EARLCAMPBELL

FITZGERALD
JACKLAMBERT
JIMBROWN
JOHNELWAY
JOHNUNITAS
MELBLOUNT
SINGLETARY

WOODSON
RANDYMOSS
WALTERPAYTON
VINATIERI
JUNIORSEAU

BASEBALL TERMS

```
P  F  W  X  A  N  A  L  Y  T  I  C  S  N  R  H  L  N
N  E  L  Z  P  Z  I  R  W  N  S  D  T  J  I  A  N  J
Q  R  D  Z  T  W  L  C  R  K  T  G  O  L  A  N  W  E
E  X  O  S  Y  U  X  Q  W  Y  C  F  L  U  R  G  C  K
F  I  S  H  P  J  G  P  S  X  H  O  E  U  B  V  T  Z
K  L  M  R  E  T  S  U  D  O  A  S  N  T  P  L  I  L
M  L  N  S  E  H  P  A  L  K  N  F  B  K  P  S  E  U
F  A  T  C  P  D  T  D  J  S  G  L  A  T  K  N  F  L
E  B  Q  O  L  A  I  D  Y  D  E  U  S  R  M  D  R  D
E  Y  Q  T  F  U  O  L  N  R  U  Q  E  I  I  I  O  J
T  E  N  U  V  A  N  D  S  U  P  S  S  P  F  Q  F  S
B  N  W  O  T  S  R  E  P  O  O  C  I  L  G  E  H  W
Z  O  G  D  O  T  B  G  L  L  C  R  A  E  O  Q  A  D
W  M  V  N  U  E  A  V  C  B  K  R  A  P  L  L  A  B
F  B  K  U  C  R  S  Y  X  G  Y  E  U  L  P  C  V  Y
M  X  Y  O  O  I  L  B  H  B  X  Q  Z  A  F  E  M  A
V  K  V  R  R  S  G  H  A  C  X  T  H  Y  I  R  A  U
I  H  I  G  L  K  V  C  Q  Y  W  G  P  T  T  D  D  L
```

ANALYTICS	COOPERSTOWN	KNOCK
APPEAL	DOUBLE	MONEYBALL
AROUNDTHEHORN	DUSTER	SLIDER
ASTERISK	FORFEIT	STOLENBASE
BALLPARK	GROUNDOUT	TRIPLEPLAY
CHANGEUP	HILL	
CLOSER	HOLD	

BASEBALL TERMS

```
Z O G Z L T B A T T I N G O R D E R
G J S H F S S F R E E A G E N C Y M
A W K F T A C G E Y Q V K T N V K F
C S W S F I I X T M E X T A V H K V
U H O N I K T S L S K I V I Q J M N
H B A T C R A C K B M D P W Z H R N
M M H M W F F F O D A E L F M J Q F
A P P E P F I C V Z E D G M Y R A W
A E U C S I M O D K D R K S L E T B
V O D V N H O W I Z V X O L V T A A
G G E A S W C N P T I U E F F T N R
S S I V T M G Y S J T E D F D U U R
A P T V R F C I J H G B Y R N C I E
A G X H M N J I P G I G O O O H W L
C S D N X O G A P L F P L M X C L U
K R A V Z H W Z K S P A V E B M E P
V V W O U L L A B W E R C S B N V R
C K E W I J G S O A M K K A D R I L
```

ADVANCE	CUTTER	SCREWBALL
BARRELUP	FREEAGENCY	SOUTHPAW
BATCRACK	LEADOFF	TIEDUP
BATDROP	MISCUE	WAR
BATTINGORDER	PARK	WHIFF
BOMB	PEEKING	
CHAMPIONSHIP	RECORD	

Puzzle #28

BASEBALL TERMS

```
Y  G  M  O  Q  G  N  W  U  J  M  F  D  P  G  T  B  Z
T  Y  E  Z  M  J  W  Q  M  O  A  G  T  J  B  S  P  Q
X  M  A  L  S  D  N  A  R  G  S  L  H  T  L  S  F  K
Q  D  P  P  Z  E  V  T  P  N  C  A  C  I  P  H  L  W
W  C  L  C  D  A  T  N  W  H  O  S  Q  P  D  M  R  V
L  H  L  O  E  A  T  U  O  J  T  J  U  B  I  M  J  K
E  M  A  G  T  C  E  F  R  E  P  R  K  L  A  W  A  V
B  P  B  H  C  B  Q  Z  H  L  X  I  O  Q  M  F  Q  D
K  Y  L  Z  E  N  R  E  T  T  I  H  E  N  O  N  A  H
G  L  U  C  J  P  O  V  Y  C  C  V  P  N  N  S  P  S
R  R  O  A  E  I  S  L  B  W  A  K  O  F  D  J  A  N
D  F  F  Y  V  B  T  Z  V  K  T  I  P  P  N  R  L  F
R  W  I  C  D  T  E  C  E  N  T  E  R  F  I  E  L  D
Y  Q  Y  L  T  N  R  X  S  I  G  N  A  L  S  R  S  C
M  E  G  V  G  T  U  C  S  U  S  S  E  H  T  Q  T  W
F  Z  C  P  I  C  K  O  F  F  N  B  N  Q  F  J  A  Z
R  I  M  L  X  F  P  U  M  A  K  O  O  Z  A  B  R  E
X  K  X  J  F  M  U  J  T  P  N  Y  B  S  B  I  C  B
```

ALLSTAR	GRANDSLAM	POSITION
BAZOOKA	MASCOT	ROSTER
BONUS	MOUND	SIGNALS
CENTERFIELD	NORTHPAW	THROW
DIAMOND	ONEHITTER	WALK
EJECTED	PERFECTGAME	
FOULBALL	PICKOFF	

CURRENT & OLD MLB TEAMS

```
O  L  V  O  U  K  H  B  P  V  C  C  R  S  P  F  D  O
I  E  N  Q  X  B  G  H  G  M  D  B  Y  T  S  O  Z  E
Y  I  O  V  S  N  I  P  A  R  R  E  T  T  R  V  F  F
E  G  B  P  B  L  A  T  D  F  C  L  D  I  V  U  H  J
R  J  O  B  L  Q  N  J  J  H  C  D  O  S  Y  T  J  A
J  J  S  I  D  Y  T  J  J  V  M  L  E  P  T  A  W  W
I  P  E  M  E  K  S  Q  Z  T  E  R  R  I  E  R  S  W
L  S  E  L  A  H  W  F  U  S  S  E  R  D  A  P  O  W
V  E  Z  Y  L  R  P  A  C  K  E  R  S  E  D  A  T  E
S  T  B  K  R  V  I  Y  A  V  V  X  J  R  I  Q  M  M
Z  A  D  I  A  M  O  N  D  B  A  C  K  S  N  Y  N  C
K  R  D  X  D  Y  P  C  E  B  R  O  W  N  S  N  K  X
A  I  B  T  S  R  E  W  E  R  B  H  S  D  G  E  M  O
S  P  Z  D  Y  T  I  G  E  R  S  B  O  W  L  Y  J  I
Z  L  E  M  A  Q  X  D  I  A  U  X  M  C  T  K  P  Y
W  R  I  O  R  J  S  L  A  N  I  D  R  A  C  U  J  T
J  M  Y  J  L  O  C  I  H  M  Q  T  F  K  L  N  K  V
Y  R  I  I  X  R  J  V  I  J  C  S  O  X  O  O  Z  G
```

BRAVES	ORIOLES	REDSOX
BREWERS	PACKERS	SPIDERS
BROWNS	PADRES	TERRAPINS
CARDINALS	PHILLIES	TERRIERS
DIAMONDBACKS	PIRATES	TIGERS
GIANTS	RAYS	WHALES
MARINERS	REDS	

BASEBALL TERMS

```
I  D  T  P  L  A  T  E  N  C  X  N  Q  J  B  X  R  Y
K  W  U  L  I  P  C  M  O  D  S  O  N  B  Y  U  Y  T
X  H  O  A  I  P  P  D  R  A  C  D  L  I  W  H  I  P
W  Q  G  Y  S  T  U  O  E  K  I  R  T  S  O  V  I  C
P  U  U  O  W  H  E  I  G  S  T  J  J  U  R  X  K  P
V  D  D  F  I  E  D  J  G  U  L  U  Q  L  E  C  N  P
X  L  T  F  T  C  I  S  U  M  N  I  H  C  K  I  U  C
Q  B  H  S  C  O  L  Y  L  O  Q  C  D  F  C  A  C  C
T  I  T  E  H  U  L  D  S  B  Z  E  S  E  A  T  K  M
E  Z  V  F  H  N  F  J  T  L  S  D  F  D  B  B  L  W
F  D  H  E  I  T  N  F  L  L  A  B  Y  R  E  M  E  Y
B  E  X  C  T  G  A  A  M  H  R  A  R  L  M  V  B  M
B  O  Q  M  T  A  B  C  E  R  O  C  S  X  O  B  A  L
G  T  E  X  E  D  R  N  V  Z  A  R  M  N  C  B  L  D
Q  W  A  R  R  P  O  N  C  S  U  D  X  N  J  B  L  G
J  Q  A  A  H  P  R  F  I  B  Z  F  A  W  G  K  G  H
I  V  H  E  Y  N  V  Z  L  P  J  Z  B  E  J  K  Q  I
G  U  V  G  L  I  R  E  X  K  S  Y  O  W  D  V  U  I
```

BOXSCORE	JUICED	STRIKEOUT
CHINMUSIC	KNUCKLEBALL	SWITCHHITTER
COMEBACK	PLATE	THECOUNT
DEADARM	PLAYOFFS	TILT
DUGOUT	SLIDE	WILDCARD
EMERYBALL	SLUGGER	
HARDBALL	SPINRATE	

BASEBALL TERMS

```
I  G  M  V  H  Z  L  A  I  T  N  E  R  E  F  F  I  D
W  U  C  X  Z  H  O  M  E  R  U  N  D  E  R  B  Y  Y
M  L  W  N  K  N  L  S  Q  G  F  V  S  I  E  Z  N  M
H  R  D  T  I  H  D  R  A  H  Z  D  E  D  F  Z  Z  X
S  R  I  E  U  G  A  E  L  G  I  B  B  C  Q  O  D  D
L  N  Y  S  Q  C  L  H  A  T  T  R  I  C  K  Z  N  N
D  Q  H  L  J  R  N  C  L  U  Z  V  I  H  R  R  O  L
Q  T  Y  X  E  T  P  A  S  P  D  A  V  K  E  B  T  T
K  J  A  T  E  P  R  E  W  O  I  R  R  P  G  P  G  H
U  Q  N  I  Q  S  V  L  U  V  U  E  Y  M  G  O  B  X
S  I  D  C  T  Y  L  B  B  S  V  L  L  B  A  S  I  T
S  C  J  Q  V  E  L  R  T  E  Z  L  R  C  B  S  B  M
R  G  O  O  D  E  Y  E  I  C  D  A  H  B  E  E  W  A
O  G  V  R  P  G  A  L  J  L  W  B  B  W  E  S  T  L
H  D  E  L  E  L  E  Y  A  Y  Z  E  A  X  R  S  Q  D
V  G  A  K  A  R  E  H  S  A  M  V  K  M  H  I  A  Q
Q  Y  A  W  A  J  E  K  N  N  O  I  T  A  T  O  R  C
Y  L  A  R  I  G  H  T  F  I  E  L  D  E  Y  N  C  V
```

AWAY	HATTRICK	RIGHTFIELD
BIGLEAGUE	HOMERUNDERBY	ROTATION
BLEACHERS	INTERLEAGUE	SCORER
DIFFERENTIAL	LIVEBALLERA	STEAL
DOUBLEPLAY	MASHER	THREEBAGGER
GOODEYE	POSSESSION	
HARDHIT	RELIEVER	

BASEBALL STARS

```
H T R O U T Y L S I Y C V L J N E U
D Q A H Y N S M P O T X K M I Q Z Q
D W B T A B F Z C W U U T Q S P J W
K R K E I W N O X M E E D S H E Z T
E O J H M S K I P N I S I A V P L V
V F R A D U J B K I H K M D W Q Y W
X E R X N M A R H L A C H N K S R R
W T B K I U B E L K M U C A A E E W
E O Q E T H C K R K E U S L S D W G
B V F R I B O A H C L H D E K N A D
J L C S N Z M M G S T J L E C W H B
Q T S H B Q G E G R E G O R I U S S
T B L A C K M O N X R Z G F H A D Q
V M O W A T U H S A R E R T N O C J
M M A V K L C S T A S B S T U J A F
L P Z Y A J O Q M J H S A M S N S R
A O N P D S X Q E D O N Z S F P F T
Q Q A Y A U T A Y M A C H A D O W O
```

ACUNAJR
BLACKMON
CONTRERAS
FREELAND
GOLDSCHMIDT
GREGORIUS
HICKS

KERSHAW
KIPNIS
LEMAHIEU
MACHADO
MARKAKIS
MARTE
MOSS

PHAM
SANTANA
SHAW
SHOEMAKER
TATISJR
TROUT

Puzzle #33

BASEBALL STARS

```
V S G O D P M X R Z V H Q Y F J T N
A F C C V D G M K C D A A O U D L O
O I Z M D Z V J E E X Y W F P M Z C
W L F W A C A N U Z O L L A P Z B C
A M H L X L I X C W E K T B Q R J G
J A J C S Y O X H R F N B X Y P H H
E Y D I I X R N E P L D E A I K A N
A Y J Y G L D A L C V V N M L M P J
T Q B E M R E A L M U T O K I M P D
J Y F L I N P Y R U O Y V L I J X I
Y T J C A S U E S W I E T E R S W D
F B E U N P P L I N D O R F N H T C
A R F E B R O V N A N O T N A T S K
M M L D A I Z M N A U X S C L Q U G
G L S H E N D R I K S D G N I H G F
S I B U M G A R N E R G D X E N O Z
J F K T T E N N E G Z F P R T K P P
R Q K W Y R U V S H N C E F Y H E G
```

BRYANT	HENDRIKS	REALMUTO
BUMGARNER	JIMENEZ	SNELL
FOWLER	KEUCHEL	SPRINGER
GENNETT	LINDOR	STANTON
HAMILTON	NOLA	WIETERS
HAPP	OZUNA	YELICH
HARPER	PEDROIA	

Puzzle #34

BASEBALL TERMS

```
I N E M W K G E C G U L N S B L S Z
X Z W I I K F F N F Z J L J E Q M Y
F U L L C O U N T D C Z P A Y R C F
C L O T H E S L I N E Y D V B W T C
W L Y D L M C L N U D D J X Y I Z
Y Q L O X B L U A L I T V J Q B L D
B G X R U K N M O S H U T O U T L F
D R U N V T Y X T C H L S E K A S C
H Z T S L U B A B K E L D Z G M V C
I K H W W T N W I F W A I W H W P Y
X I A K I C Y Y T V R B C N N M X I
L D L W E E Z F T T P E M U E V S O
S G N I N N I H V P T V K C K R O E
C E C Z V E E W D U M R I U E K Z K
L E K Z L E G O U T D U X V W J K N
E W B D I C E L Z I S C I C X T F H
B M B A A C Q D D L A A L O W K P A
D H Q I B R I T T O W U E Z C U Y B
```

BAIL
BUNT
CLOTHESLINE
CURVEBALL
EAST
FLYBALL
FLYOUT

FULLCOUNT
INNINGS
LEADDISTANCE
LEFTFIELD
LEGOUT
LITUP
NLCS

RBI
SHUTOUT
SLASHLINE
TRADE
WAIVERS

BASEBALL COUNTRIES

```
I  Z  C  A  M  A  N  A  P  F  A  M  W  H  T  A  Z  L
W  S  G  D  G  E  X  L  V  E  N  E  Z  U  E  L  A  O
W  I  U  A  P  E  X  V  R  K  R  A  M  N  E  D  C  U
E  W  M  N  O  W  I  O  L  S  Z  I  E  I  I  I  E  F
S  N  X  A  O  A  K  D  Q  B  P  L  Y  T  X  B  D  R
W  E  M  C  I  H  S  I  E  P  I  A  T  E  V  E  J  S
S  L  G  L  T  B  C  D  L  A  H  R  M  D  C  W  T  G
E  U  W  U  B  D  M  U  F  S  O  T  Y  S  L  L  E  M
H  F  O  G  J  D  U  U  N  A  C  S  C  T  R  C  Y  Z
E  S  B  H  V  F  A  K  L  L  R  U  J  A  P  R  S  K
P  U  E  R  T  O  R  I  C  O  B  A  E  T  G  Z  D  M
V  Z  X  R  N  E  G  U  B  A  C  T  S  E  Y  T  D  R
S  D  N  A  L  R  E  H  T  E  N  F  R  S  Y  E  U  A
R  H  P  C  G  B  N  T  U  X  Q  M  P  Q  S  Q  N  X
P  A  W  C  A  I  T  A  G  G  A  C  M  L  S  N  S  J
J  D  O  M  I  N  I  C  A  N  R  E  P  S  N  Q  E  I
V  K  O  C  H  I  N  A  Y  L  A  T  I  Y  E  X  G  E
L  C  Z  I  N  I  A  P  S  G  G  C  J  V  E  L  Z  K
```

ARGENTINA	DOMINICANREP	PUERTORICO
AUSTRALIA	GERMANY	SOUTHKOREA
CANADA	ITALY	SPAIN
CHINA	JAPAN	TAIPEI
COLUMBIA	MEXICO	UNITEDSTATES
CUBA	NETHERLANDS	VENEZUELA
DENMARK	PANAMA	

BASEBALL STARS

```
C C I Q C J G L O R B O T O S N D K
W H J A I M X N J N A X T C S H A K
D F R E E M A N L P U P Z S G Y I H
O O I Q B R Z R E D O U U A X S I Q
F S O N A L L E T S A C R R Q B N T
I T T O E P I S E I J D C R R I Y L
E R O S Z P X Y J L N N Z A A V M Z
M O R R O W G W J E I E I C W D V A
Z M K E E N K W R L M F Z T Z V E R
R A F D V Q N W N C M G U Q J E B M
M N J N G L P L A V O D N A S N R Y
A Z A A F B X R G U Z A I H P Q O S
I H H R U F P T U I I J R R N Y W M
O G Q G A E S F V P I U P E Z Z R J
W T X W N U O A L T U V E B U C H G
X T H T E S W R Z J H R K U T A R H
W L E S C A M R U F G B K L M O B M
C R B Y M Y K D Z Y R X M K D Q P R
```

ALTUVE	CRUZ	MORROW
BAEZ	FREEMAN	NIMMO
BAUER	GARDNER	POSEY
CAIN	GRANDERSON	SANDOVAL
CARPENTER	GREEN	SOTO
CARRASCO	KLUBER	STROMAN
CASTELLANOS	MARTINEZ	

BASEBALL STARS

```
D Q T P O F D A R V I S H A I A W U
W E E K K S O E S R E N K S I A P E
H X S A A C G W L G O R P S I J U G
J B W Z J N T D Q T E L L R Q N T R
W F Y W I T C A R O H H I A I Y Z U
I Z N V M Q P O L B B I U I N Q N B
T E E P A X M E R R I F I E L D Z S
A L N U V G Z B N E J A F G H S E A
C A I Z Q F A E I G C F F D B T O R
R S E V E R H R R M L I N U V G O T
E Z R O P O A L E A D D R J D F B S
O L T B G L U M H N U P Z P R S C J
W M W Z O Y G E W Z A S B U A S R M
A A N I J A R L Q V P D V L W Z H R
P S H W S T T E B F F E O E Y Z U S
E L H T Y M B J M J C K L B E T M F
N M N G Q W S W R D I R F O H N N H
B F U E Y E X J N M M M Y P D R O K
```

ARENADO	JUDGE	STRASBURG
BETTS	MARQUEZ	SUAREZ
BREGMAN	MERRIFIELD	TAYLOR
CLEVINGER	MIKOLAS	TREINEN
DARVISH	MORTON	VERLANDER
FLAHERTY	PRICE	OKAJIMA
HEYWARD	SALE	

BASEBALL TERMS

```
U  C  T  N  F  J  A  M  I  X  G  Z  Z  L  S  A  H  Z
H  A  L  L  O  F  F  A  M  E  S  I  K  A  C  K  M  X
F  V  L  D  C  B  O  K  U  O  U  T  F  I  E  L  D  C
Q  U  A  P  G  A  V  K  X  K  B  E  C  P  V  K  G  R
H  K  A  R  A  W  O  U  L  N  Q  A  D  I  A  E  A  O
S  X  X  J  G  B  D  E  D  A  O  L  S  E  S  A  B  R
M  L  W  J  L  D  R  A  R  T  W  S  M  A  B  M  I  W
R  N  N  I  A  A  D  L  B  O  L  H  M  P  A  W  Q  S
K  R  Q  M  H  X  M  R  V  A  C  U  V  N  Y  A  T  A
Z  U  G  E  A  Q  Z  U  R  L  N  B  A  R  F  L  X  U
E  Y  E  S  R  E  T  T  A  B  X  G  F  E  Y  L  E  K
T  A  H  H  C  K  N  O  O  V  E  R  T  H  R  O  W  N
J  I  N  F  I  E  L  D  E  R  M  P  T  C  W  P  S  O
H  D  L  V  C  K  G  V  Q  W  I  H  P  T  X  P  B  A
S  T  Q  E  Q  K  F  T  S  R  E  H  T  A  E  L  S  E
T  M  D  P  H  R  Q  J  G  R  P  R  M  C  G  K  O  X
O  C  E  A  J  M  I  N  U  P  W  P  G  H  J  O  K  S
Q  Q  U  S  A  O  P  G  G  K  L  B  H  F  Q  T  W  C
```

BASESLOADED	INFIELDER	RAKE
BATTERSEYE	LEATHER	SAFE
CATCHER	MADDUX	SAVE
CENTRAL	MANAGER	WALKOFF
GAP	OBLIQUE	WALLOP
GRIP	OUTFIELD	
HALLOFFAME	OVERTHROW	

BASEBALL TERMS

```
K L N E V O T S T O H R E T R A T S
J K P T J R L O V Y L E K L B G X D
Q U E A M X E B G N A G H G U I D P
Q S H L O Q L G O O I G B J Z O L B
I O B P M R K H N T R A P L D B Z Q
H M E E A S C B D I T B U B H Y E F
G C X M N W I K S S D O V T Q G I T
L P S O L I P V O T N W M N G S L S
L O S H R N L G D J A T B H A V R T
K T J I U G D L J U E T W F T X A P
J K T X W X M E U G L O I A M G H P
G I P M Q O L R A O I G I S O U C M
V M O F F S P E E D F I R T T G E J
R M U Q V D C E Z E B U R B N I L J
G X N B P I T C H E R A F A A M C B
E W S G X D P O V P L X L L H O N S
H O F R C W T V Q L N M K L P M U O
R H A L G K P Z Y G N J R K O Q A H
```

BOTTOM   HOMEPLATE   STARTER
DEADBALL   HOTSTOVE   STATISTICS
DINGER   OFFSPEED   SWING
FASTBALL   PHANTOMTAG   TWOBAGGER
FILEANDTRIAL   PICKLE   UNCLECHARLIE
FOULLINE   PITCHER
GODEEP   RALLY

BASEBALL TERMS

```
T I V J P J H J J M P Y O E R O C S
B F T S I P U N I F O R M S P I J W
J R A I N D E L A Y L A N U B R R R
X R N M C H A J Y Q J C C O B O U U
P I G X H V U N D O Q G A H B W B C
G E J G H H J X R H N E P L L U B R
S K R W I A O S I Y F I D E P R E Q
V A A A T C Z M S O Q K A E N A R Q
Q N R J T A W B E A R O G H E T C W
X N O A E U M A S T P O Y W N R K F
X O B S R E T T A B E R H G D G H V
G U H D S U B F B F C A Q H B E M I
M N X S D C N L Y Y U T M D K P M Y
F C L C T S I J A E L Y L Y E D N
V E E E N T B P J D D X I P C A S J
B R D W O F V V T F N O J L C W O L
T S Z Z A C P Y X F W L P H D N Q R
A A J U O K Y H T O V I P S C Q Q D
```

ANNOUNCERS	HOMETEAM	ROOKIE
BASES	MAJORS	RUBBER
BATFLIP	OBS	SCORE
BATTERSBOX	OFFDAY	UNIFORMS
BULLPEN	PINCHHITTER	WHEELHOUSE
CAP	PIVOT	
DEUCE	RAINDELAY	

BASEBALL TERMS

```
Q  C  P  W  P  E  G  W  Q  E  I  J  Y  Q  P  A  M  T
E  N  E  B  T  C  D  Y  X  D  N  U  O  R  G  X  G  B
Z  R  A  L  C  S  G  T  C  B  T  M  I  T  Q  X  M  R
Z  L  B  P  L  H  R  N  P  A  H  G  I  Q  K  E  C  E
A  Y  F  D  J  A  S  S  T  N  E  M  N  G  I  S  S  A
P  Q  I  N  B  F  R  T  R  E  H  P  O  G  X  A  D  K
V  P  R  A  D  R  S  P  U  P  O  D  H  B  B  B  B  I
H  B  S  N  Q  J  R  O  U  Y  L  K  S  R  M  D  H  N
D  E  T  C  C  J  Z  H  B  E  E  X  A  I  V  R  L  G
F  I  B  S  E  R  A  S  X  M  N  O  C  Q  N  I  D  B
B  Y  A  Q  C  V  B  T  I  A  Y  I  F  E  R  H  D  A
N  H  S  U  M  P  I  R  E  G  P  A  L  T  M  T  T  L
S  R  E  Z  T  I  W  O  H  R  F  B  Y  Y  F  Q  C  L
S  V  M  R  Q  B  V  H  N  O  M  A  N  S  L  A  N  D
B  Z  D  B  E  L  G  S  E  U  Z  P  K  D  I  S  A  C
D  Y  O  D  W  Y  H  F  F  V  H  O  J  Z  P  Q  H  Q
H  M  I  L  Y  O  A  N  O  R  Q  O  C  I  J  S  S  I
T  B  Y  Z  N  R  U  T  E  R  K  C  I  U  Q  C  R  Y
```

ASSIGNMENT	GOPHER	QUICKRETURN
BREAKINGBALL	GROUND	SACFLY
CELLAR	HOWITZER	SHORTSHOP
EXTRABASE	INTHEHOLE	THIRDBASE
FIRSTBASE	LINEUP	UMPIRE
FUMBLE	NOMANSLAND	
GAME	POPUP	

BASEBALL STARS

```
B Y J F Y U S E G U R A Q D E O F Y
H Y Y I O Y A I N A T H O E J Y J G
R Z N F A R M M B G W S C K U R I G
E E S C A O O O T T O V K M E I G O
V R Z O X T C N Z Z L O A U R W S O
O I S R S S W C A Z Y I K K B H M M
V M G R E Y R A U Q I B O L A U X O
P A D E R H R D H A A R E N D O N S
W R X A G S C A D T O U M V Z I M Q
B C B T C A R S B T T C K F R K Y S
R Y P A E S X H R L H E O E F C D E
D H U O V S U K G A O J V P R Q Y H
Y L S W U L V I P Y R E G I N A H L
Q G S T K Q U M F W S X N X Q M P R
O F X K F P A B K N C Z A T Z W J I
R J E V D N H R D Y J X E T T C B R
M W A H O O K E S B D E T T R R I N
P V O L Q N O L L I A T L K L G N M
```

ABREU	MONCADA	SEGURA
BRUCE	OHTANI	SEVERINO
CHAPMAN	PUIG	SMOAK
CORREA	RAMIREZ	STORY
ESCOBAR	RENDON	TAILLON
HANIGER	RIZZO	VOTTO
KIMBREL	SCHERZER	

BASEBALL TERMS

```
Q  N  L  L  A  B  E  S  A  B  Q  G  S  F  V  B  B  Y
G  P  Y  X  V  F  E  E  T  M  M  R  B  D  W  I  S  M
C  O  K  T  T  V  U  C  G  A  V  J  C  H  L  T  Z  W
Y  Z  L  G  O  O  M  O  Y  D  E  C  E  I  U  T  R  R
U  T  I  L  I  T  Y  N  C  F  N  L  U  R  E  Y  U  P
R  L  G  H  H  D  A  D  T  V  M  M  C  W  S  B  F  P
O  S  P  R  P  H  W  B  R  E  P  P  O  H  C  E  H  W
U  I  A  O  A  G  P  A  T  A  C  R  D  D  Q  O  Y  Q
P  B  G  T  S  C  I  S  I  A  L  Z  G  I  X  J  G  V
S  N  N  C  B  T  C  E  K  D  C  P  Q  B  N  H  D  D
L  P  I  E  K  S  S  V  S  G  F  E  I  A  A  W  R  D
H  W  G  T  M  T  D  E  G  A  C  G  N  I  T  T  A  B
M  G  G  O  J  T  R  P  A  X  A  O  F  T  W  Z  U  T
K  X  U  R  M  I  B  B  T  S  A  X  I  C  E  H  G  X
R  T  L  P  E  M  X  E  S  B  O  H  E  B  G  R  E  Z
Z  F  S  S  K  O  W  A  A  S  N  N  L  T  H  L  C  W
A  Y  U  E  Z  C  C  J  T  F  G  V  D  M  L  K  A  F
Y  G  V  T  T  L  R  C  M  E  S  A  F  P  O  Q  F  F
```

BASEBALL	GLOVES	PROTECTOR
BAT	HAT	SECONDBASE
BATTINGCAGE	HELMET	SLUGGING
CENTER	INFIELD	UTILITY
CHOPPER	JERSEY	WORLDSERIES
CLEATS	MITTS	
FACEGUARD	POSTSEASON	

STADIUMS

```
O C X D R F U R F L X A G E Q X J J
Z B B P W B A E A I T H X M M C N R
H D F T X L A K J A O V J P A D J B
Y C Q E F Z R B N X Z R X N W L T S
Z I V S N J T D E B P B P A R E E N
M T E V E L T S U R T N U S I I I X
W I O W Y L H S S P C I U P G F G O
N Z A R Q P C A Q C Q R E L L I M Q
X E C I O H O A F U E T P S E T D G
O N I D O D G E R P C W E C Y I W L
U S R T R W V V B O N M W W F C E E
I B E R H Z F Y P H J C X K I M P P
C A M D E N Y A R D S Q A Z E X N V
M N O M D F R N H W Y A N T L N C R
I K C I S K N K Z X X I X Z D V P N
I X I F G E U E B P R K F E N W A Y
K B Y B U I T E G R A T Y R O W R K
O C T B R D C O Y N A M F F U A K M
```

ATANDT	DODGER	PNCPARK
BUSCH	FENWAY	SUNTRUST
CAMDENYARDS	KAUFFMAN	TARGET
CITIFIELD	MILLER	WRIGLEYFIELD
CITIZENSBANK	ORACLE	YANKEE
COMERICA	PETCOPARK	

BASEBALL MASCOTS

```
L  T  P  U  T  X  W  Z  Y  A  K  I  P  K  P  Y  O  V
X  J  D  O  R  J  R  Y  Y  O  O  R  O  P  Z  Q  I  A
D  S  G  P  R  N  J  J  J  O  K  F  U  K  J  Y  Q  E
H  J  T  H  W  C  F  D  U  R  E  P  O  O  L  B  Z  M
R  O  D  A  H  C  U  L  H  G  K  P  K  L  G  M  A  V
I  Y  C  N  P  U  W  O  G  A  R  V  A  U  F  R  I  V
G  S  E  A  S  O  U  T  H  P  A  W  E  W  I  F  B  K
I  N  Q  T  W  L  Y  X  O  P  L  C  L  N  S  R  G  Y
C  A  D  I  N  G  E  R  X  E  C  T  E  C  H  S  V  R
O  M  R  C  U  P  L  A  N  R  Z  R  R  U  K  W  S  E
C  L  I  V  D  O  E  F  C  M  M  S  B  R  Q  L  X  P
I  E  B  H  U  C  R  O  P  O  V  C  K  B  I  E  K  M
M  R  D  S  C  I  Q  B  O  H  U  H  D  D  W  T  E  O
M  R  E  R  J  E  W  S  I  D  U  X  E  U  G  K  F  T
A  A  R  E  R  L  E  M  M  T  X  R  E  G  G  U  L  S
L  B  F  E  P  J  J  R  S  R  J  U  O  Y  H  F  P  E
X  M  K  Q  T  S  M  A  C  F  P  V  U  F  L  D  Y  V
I  V  F  S  E  V  D  Y  R  S  N  I  F  Y  N  B  V  A
```

ACE	LOUSEAL	SLIDER
BARRELMAN	LUCHADOR	SLUGGER
BLOOPER	MARINERMOOSE	SOUTHPAW
CLARK	ORBIT	STOMPER
DINGER	PAWS	WALLY
FREDBIRD	PHANATIC	
GAPPER	SCREECH	

PAST LEGENDS

```
W U C U H H E N B O M O R L I B A H
T M T J C F E D A U K O E O B G E E
U U U O B W J L B P G F X U R N D T
T U E S Q K Y P E E C H M G D U Z W
Q E T O I E V O R G Y T F E L O B B
J T Y X T A D C U N J Z R H N Y P E
X D C M U W L B T G I S L R J Y Z E
A I O F M E C M H I O P T I E C S F
E M B I M X O E N N T T K G P G D L
F H B E G D U T S P O M P G X Q N H
S C N E B G W J S L H S B R A B O J
I S K A Z Y A P E J I V W E S F B Y
T X X O F E I M M I J B F E L U Y M
Z S S N X L S M I H E B D N H O R F
J W U K T S A R O D Q W G B P T R V
P H O N U S W A G N E R M E G H A V
D G M O A I R X A F U O K R V M B M
O H M I E G N O S N H O J G S D A O
```

AROD

BABERUTH

BARRYBONDS

CYYOUNG

GREENBERG

HENDERSON

HONUSWAGNER

JIMMIEFOXX

JOEDIMAGGIO

JOHNSON

KOUFAX

LEFTYGROVE

LOUGEHRIG

MATHEWSON

MELOTT

MUSIAL

ROGERCLEMENS

SCHMIDT

TYCOBB

CURRENT & OLD MLB TEAMS

```
A  Z  G  Z  C  I  S  F  E  D  S  B  U  C  O  P  V  Z
P  G  G  Q  O  S  R  O  T  A  N  E  S  A  W  M  V  S
G  M  O  P  L  Y  N  R  O  Y  A  L  S  B  P  S  Z  Q
P  D  P  E  O  A  W  O  A  E  I  D  C  X  N  N  R  P
N  K  G  Z  N  J  G  C  Y  F  D  G  N  I  T  M  U  R
H  N  S  T  E  E  K  K  S  F  N  D  W  O  D  Y  Z  R
A  A  K  T  L  U  F  I  S  C  I  T  E  L  H  T  A  B
N  T  X  Z  S  L  Z  E  R  E  S  O  R  T  S  A  C  S
B  I  P  J  O  B  W  S  E  E  K  N  A  Y  I  M  W  D
J  O  Y  O  I  K  S  K  G  R  J  C  I  M  P  K  H  W
F  N  Z  E  A  V  M  V  D  X  M  E  Z  L  R  V  S  J
R  A  H  G  R  B  H  O  O  S  I  E  R  S  R  W  T  I
M  L  E  X  R  U  N  S  D  R  H  X  P  B  Q  A  E  D
R  S  H  M  I  W  E  D  L  E  A  P  R  N  L  J  M  I
S  X  B  A  C  T  W  U  N  G  O  O  Z  K  A  B  N  G
I  E  G  L  I  O  W  A  O  N  W  S  I  L  C  G  A  F
U  B  V  H  P  Y  X  M  H  A  M  E  V  P  C  H  C  I
U  Q  W  F  S  M  H  Z  V  R  M  R  I  E  R  Q  U  O
```

ANGELS	EXPOS	ROCKIES
ASTROS	HOOSIERS	ROYALS
ATHLETICS	INDIANS	SENATORS
BLUEJAYS	MARLINS	TWINS
COLONELS	METS	WHITESOX
CUBS	NATIONALS	YANKEES
DODGERS	RANGERS	

BASEBALL STARS

```
Z  P  W  V  N  A  A  M  N  I  B  R  O  C  X  S  V  J
G  U  R  E  V  G  Q  O  C  A  X  O  N  M  H  H  A  S
K  W  E  J  V  U  H  R  K  X  M  B  C  T  T  H  F  G
Z  Z  G  B  B  T  O  G  U  E  R  R  E  R  O  J  R  W
N  C  N  T  O  S  L  E  M  A  H  A  E  M  V  T  L  S
M  R  I  Z  G  D  L  D  U  M  H  N  O  M  V  U  R  P
D  N  L  W  A  B  I  C  H  E  T  T  E  X  M  E  B  Z
I  R  L  L  E  C  D  O  S  N  O  L  A  Z  G  I  K  W
Y  M  E  U  R  N  A  Q  U  N  N  E  E  A  X  R  Z  L
Q  I  B  C  T  O  Y  L  T  R  J  Y  E  L  D  A  R  B
I  G  L  S  S  T  S  T  K  L  J  S  Y  F  O  Y  L  U
E  D  H  J  W  X  S  C  L  U  B  Q  O  Z  W  C  N  B
H  W  Y  S  W  A  O  Y  N  O  O  J  E  I  Q  H  A  K
O  O  O  R  I  P  N  T  J  T  F  J  C  Y  R  G  H  K
D  I  K  Y  Q  C  P  S  L  F  I  K  N  G  P  R  T  C
S  L  B  K  S  I  M  M  O  N  S  M  B  L  E  E  E  I
Y  C  P  Q  Y  H  Q  D  L  N  B  U  S  Q  Y  V  D  B
I  G  H  V  M  S  Y  N  D  E  R  G  A  A  R  D  U  A
```

ALONSO

BELLINGER

BERRIOS

BICHETTE

BOGAERTS

BRADLEYJR

BRANTLEY

COLE

CORBIN

DEGROM

FOLTYNEWICZ

GUERREROJR

HAMELS

HOLLIDAY

PAXTON

SEAGER

SIMMONS

SWANSON

SYNDERGAARD

ZIMMERMAN

AA/AAA TEAMS

```
F  H  U  N  T  C  S  R  E  D  I  R  L  I  A  R  R  J
H  I  Y  G  S  B  U  L  H  H  L  S  R  C  U  M  U  M
Q  R  S  A  T  W  S  R  E  S  Q  R  R  I  S  G  B  E
K  F  S  H  R  G  O  B  V  R  T  O  E  Z  D  F  B  Z
A  U  O  R  E  D  I  M  B  E  R  L  D  N  C  C  E  E
Y  X  S  C  O  R  G  H  W  P  R  I  N  Y  T  H  R  G
P  E  E  B  D  T  C  O  C  I  V  A  U  M  V  I  D  E
T  G  R  S  Y  P  A  A  A  R  M  S  H  Q  M  H  U  N
V  C  S  L  J  Q  C  N  T  T  G  O  T  I  S  U  C  E
G  S  E  V  L  O  W  A  E  S  S  S  C  Y  T  A  K  R
R  R  A  J  U  W  I  N  D  S  U  R  G  E  A  H  S  A
F  O  D  O  B  U  Y  R  L  M  A  G  T  W  C  U  M  L
F  T  O  Z  C  P  V  A  O  M  N  A  T  U  R  A  L  S
J  A  G  Y  B  Y  M  U  W  D  J  W  B  W  E  S  W  M
J  I  S  E  I  N  O  P  E  L  B  M  U  R  V  O  S  N
D  V  Q  Y  S  L  I  H  P  N  I  T  H  G  I  F  J  K
I  A  K  B  C  H  P  N  D  R  V  I  W  Q  R  Z  V  L
W  P  J  Q  J  S  Z  P  T  P  O  W  I  W  Y  O  Z  O
```

AVIATORS   RAILRIDERS   SENATORS
CHIHUAHUAS   RIVERCATS   SQUIRRELS
CURVE   RUBBERDUCKS   STRIPERS
FIGHTINPHILS   RUMBLEPONIES   THUNDER
FISHERCATS   SAILORS   WINDSURGE
GENERALS   SEADOGS   YARDGOATS
NATURALS   SEAWOLVES

PAST LEGENDS

```
G H Q U P W J B B E Z W N L H R H W
M V Q P L X E O F N T F W I E V E L
H C H E N F B P U R L I P J J M Q Q
L G R I F F E Y J R L V V P G W V K
M A P B E C D S A L E R C E E J C J
G R F L N E K P I R L A C W X Z H V
V R L A D O W E I Z P E T E R O S E
P E F K N H M W R J E T E R X E T N
R B R S P A H N Y B S N R O H E Z L
K I R H Y I Y L G I M E M A D D U X
P G K S K Y V R C R T M A W Y O V R
B O B G I B S O N F C E I X T X N L
L Y J O E M O R G A N L C S F Y O X
D N S S I N W K E U L C L L T A D D
O C D T F P K P O I T O X A M R F A
H N O R A A K N A H M A N T L E F O
G R E V A E S M O T I G G I V U X C
R E K A E P S S I R T H M T K I Z D
```

BOBFELLER

BOBGIBSON

CALRIPKEN

CLEMENTE

GRIFFEYJR

HANKAARON

HORNSBY

JETER

JOEMORGAN

MADDUX

MANTLE

NOLANRYAN

PETEROSE

SPAHN

TEDWILLIAMS

TOMSEAVER

TRISSPEAKER

WILLIEMAYS

YOGIBERRA

HOCKEY TERMS

```
N U W I C E L V W Q W H G E Z I S O
L C A Y G K W Z B G U K I W C Q O H
Y L L U B Y S F G F E V S L M L U Q
R H O M Y G Y T B O V N L L D D E A
M I N A N I P I T E E Q Q S J S A J
F W G I E G U Y K E N K N P M H X K
X I C O H A N D P A S S O L Z U T N
G I H B P M A L E H T D I G A T V F
D N A L H E A Y Y M R N T O L D T W
W O N I T M B Y K C E H C Y D O B S
S B G P N P X D V B N B E Q Z W V L
W M E U I B V J R A G T L Q M N D E
A A K W Q O K A V D T L F S R Z A W
F Z D K O L W K C A H H E I Q G I F
L D J Y P L A Y O F F S D B H S G O
D R A W R O F R E W O P R B M S H O
C A X Y I Y Y E B Z J J Z Z W P E T
R K B K K D S X A R N S P M K F K W
```

BODYCHECK
BULLY
DEFLECTION
EVENSTRENGTH
FLOW
GLOVE
HACK

HANDPASS
ICING
LINEBRAWL
LONGCHANGE
PLAYOFFS
POWERFORWARD
SHIFT

SHUTDOWN
SLEWFOOT
THELAMP
TIPIN
ZAMBONI

HOCKEY TERMS

```
B E W U F F A B U A Z G P Y O W K R
L Z T N N S M T G K N O N P K Z Z
S T N A P F H S U C S I O X D C U S
Z E W L K O I R X Q S T Y P D O H N
J Z M L I S K K N V O A Q L C L U U
R U W W S Y G E H U X K S Z K G J Q
C B P A Q S Q A C A C S S V S N S Y
V Q H P T G X H B H I H T T T I I Q
W F C V V C I Q W K E U I J Q W V R
J G H U X C C A L H C C C C C T S Z
G O A J I N Q V Q Q W L K F L F J V
W O R N J Y I Y O B E P U Y I E Y J
U I G I M O U M A V P U N G L L T J
T Z E T Z Y R E T A K S G E N O S
B L B G M B D O I T E C N E V U L Q
B O H A H O I S K W L A W A O H A C
P P Y V W E W I Z G D B N H H O M E
O W G N E V Q V I A D X F U S M Y L
```

ASSIST	GENO	SHOVEL
BACKUP	HOME	SKATER
BAGSKATE	LEFTWINGLOCK	SKATING
BARDOWN	NOTOUCHICING	STICK
CHARGE	PANTS	VISOR
CHICLETS	POKECHECK	
DANGLE	RINK	

NHL STARS

```
B O G D N K P T Q K C P Q D K J T U
M R A Z E K I V N P X G G D D V D V
Y A A M C S E R U T U O C U X O G U
Z O R I V S I T O M W I L S O N X Y
R O U L Z S F L G B U X L I V H D Z
R Q L Y E S K P Y W A V F V D Y V H
R C H A R A X F O I H G A N O D C M
I L P V L Q U N U S V I P Y S T Z W
R Z W J U G Q N I V S T W T H C E M
K N F O L T M Y S K V A H T I B E P
X B N I N Q C D H P R I C E E W K L
H C E Y V A P O W C O R N R B J U E
P N S U V G A R Y R R E P O Z C O A
J M N M X K U E F D U S Y I I E O D
X L A S C H E I F E L E V C Q Y C O
T L H U C F T L L S V O M A L R A V
U W O D I H J L Y Q M B Y P P V Q Z
U P J W V B S Y I A P B W A H Y S J
```

BOESER	MARLEAU	PRICE
BYFUGLIEN	MCDONAGH	QUICK
CHARA	MRAZEK	SCHEIFELE
COUTURE	OREILLY	TOMWILSON
GABORIK	OSHIE	VARLAMOV
JOHANSEN	PACIORETTY	WEBER
LUCIC	PERRY	

NHL STARS

```
H  A  I  L  N  Y  B  P  E  H  S  K  U  U  K  P  E  Z
Y  W  M  Y  W  K  B  N  E  N  I  A  L  O  T  S  I  R
L  K  C  F  E  H  A  H  H  T  L  A  I  N  E  E  F  E
N  B  S  O  E  K  F  M  L  N  T  V  S  U  U  R  L  L
U  L  H  V  X  M  G  E  E  X  U  E  E  V  G  Y  H  W
S  M  P  S  O  M  T  W  R  X  C  H  R  O  G  B  R  O
X  C  F  I  V  R  I  F  S  P  J  R  A  S  M  T  B  F
S  V  H  L  E  Q  B  T  Q  D  F  T  V  T  S  L  X  M
D  A  J  Y  C  T  A  O  X  U  O  W  A  E  W  O  R  A
M  S  Q  P  H  M  R  R  B  M  K  Z  T  N  E  H  N  C
U  I  X  J  K  C  O  A  H  R  Z  U  G  Z  H  U  O  F
A  L  F  O  I  H  W  D  N  E  S  S  J  U  T  J  S  D
H  E  S  Y  N  E  K  U  P  G  J  X  X  K  T  B  S  W
K  V  F  W  W  Q  S  S  G  B  E  Q  L  G  A  I  L  D
D  S  T  E  E  N  S  T  J  O  V  L  I  X  M  X  R  H
C  K  G  M  Y  O  F  R  U  Y  T  X  O  E  X  V  A  V
I  I  Q  D  W  Q  T  B  Y  D  V  E  V  L  R  L  K  U
C  Y  O  D  Z  D  C  Q  E  U  B  K  W  N  M  K  Y  G
```

BOBROVSKY	KUZNETSOV	SPEZZA
CAMFOWLER	LAINE	STAMKOS
EHLERS	MATTHEWS	STEEN
HOLTBY	OVECHKIN	TAVARES
KANE	PETTERSSON	TOEWS
KARLSSON	PIETRANGELO	VASILEVSKIY
KOIVU	RISTOLAINEN	

HOCKEY TERMS

```
Y T A C E D I S F F O E L A Y U Q I
Z F W X L L N W T D O M Q B L C T G
H F P O B C T Y R G N I E E N K L M
N O G K O A M S W Y R T B M Q C X O
K E F R W N A R I S K R A M H S A H
D C Q Y P B O P N H F E U S L S M J
B A I H A I D N D O W V U A T M N J
W F F T D M X N E U Y O O O O V A W
R C Y C S G A N U L N G M Q X R V S
E F E S L H J J L D N T T U T E L E
M I H L K B G E O E M R A S S K F X
A Q O C G V C I D R A T N K P A I C
P R A R S Z S L H P V D A L G M B Y
Q B U P Y G O J E A L T A P Q Y F Q
U E P Q L G P Z P D E G E L P A J P
V Q O L J Q O X G S Z V C Z T L R X
N E D E D I S E V O L G H L J P E B
W O K B D K O V Z X M G F T H R X C
```

APPLE

BACKHAND

CELLY

ELBOWPAD

FACEOFF

GLOVESIDE

GOLDENGOAL

HASHMARKS

HIGHSTICK

KNEEING

MAJOR

OFFSIDE

OVERTIME

PLAYMAKER

SHOULDERPADS

SKATES

TRAPEZOID

TWOONONE

WHISTLE

NHL STARS

```
W V Z F X R T F H Z A Z I J P B H S
Y H W Q O C X V R A F Y W S Y L L P
N N A P O H S I B W R L F J E C B B
M M T N U O N Q R O N L L H L L I O
P A S T R N A K L K F E C G D W H B
Q R I O E J N L O K A I P J N V V P
E N U P K M E W O O E R E U A O C O
D E Q H M R J N O O I C H M Y C B D
H R Y T A E A K E R S O A S N L Y K
T V N C N L B J V B B Z T R J P R D
I E C T L L H A A A H N M I O S O R
V U E F A I H W P E C B Q Q S V A O
Z O M Z R M L N J S R O K Q P S S F
K L O R S H A T T E N K I R K G X L
C A G G S E Q A R W T M P N E R M F
T O B V O P A V E L S K I A D J Q E
X F M Z N L A R K I N X L B K U C S
E Q N H F U U W M Y B A C A T F S I
```

BISHOP
BROWN
EICHEL
EKMANLARSSON
KREJCI
LARKIN
MARNER

MILLER
NYQUIST
PASTRNAK
PAVELSKI
RASK
RIELLY
RINNE

SEABROOK
SHATTENKIRK
STAAL
VORACEK
YANDLE
ZUCCARELLO

JUNIOR/KHL TEAMS

```
I  Z  V  K  E  J  G  A  D  G  V  O  S  T  M  H  W  O
N  O  K  S  V  M  C  C  I  S  T  N  A  I  G  S  B  B
C  B  H  G  C  G  N  J  M  T  L  I  C  F  G  G  N  Z
H  S  E  C  S  R  E  Z  A  L  B  A  R  O  T  N  O  U
V  L  C  N  E  E  A  Q  K  O  O  E  R  I  I  I  H  M
B  A  W  N  T  Y  Y  C  B  C  I  S  R  E  P  T  D  E
T  G  I  L  E  H  R  Z  A  Y  L  E  T  J  N  S  M  T
I  H  L  X  P  O  T  O  R  T  K  R  X  E  A  E  T  A
S  D  D  G  F  U  Q  N  S  O  I  I  Z  T  K  F  G  L
L  D  C  J  A  N  E  E  J  A  N  F  E  T  O  C  W  L
E  Y  A  X  Q  D  X  M  P  W  G  T  M  Z  U  G  O  U
D  X  T  E  P  S  P  T  K  A  S  I  G  J  S  X  M  R
U  N  S  G  H  F  P  I  X  E  L  P  D  N  I  W  K  G
V  W  I  N  T  E  R  H  A  W  K  S  Z  K  W  O  J  T
K  N  I  G  H  T  S  Q  E  N  C  O  T  L  U  Z  X  J
W  Z  R  E  K  J  S  O  T  T  E  R  S  Z  Z  H  O  Q
S  V  A  F  T  K  Q  K  O  V  I  D  W  P  Z  E  Q  V
L  J  L  G  E  M  X  S  Q  M  P  A  E  O  J  L  C  O
```

AKBARS	JOKERIT	ROCKETS
BLAZERS	KNIGHTS	SPIRIT
COLTS	METALLURG	SPITFIRES
GENERALS	MOOSEHEADS	STING
GIANTS	OILKINGS	WILDCATS
GREYHOUNDS	OTTERS	WINTERHAWKS
HITMEN	PETES	

NHL STARS

```
Q U S N B Y J M A S J I K A U T I Q
W O N I R A N A P F P W W E T G Q F
R A T D H K D K N E E R G X R B B U
K X E L Q H K A Z T B V K J Y I Z U
R Y O U U I E R E L S E K J S Q F J
C E P Q W Q O V N O S L R A C U V O
R R N K U N L O V O Q M D L V P K S
E Z N H A K T J Z D S I G G E L I I
G N U M E N V L E V V N I W E M V N
E M G I R L C D R A W O H K M O A I
Z Y E O D K H E D M A N R O R N C G
A N H C U Y E C E H X N N V J I P I
P T O D A N M I E O B D H A A H P Q
T S P W G B A N T C S G K L C X H U
O A K A K U P L C H Q B Z C R N X V
X T I E Y D Z Z B Y J C W H I J Z P
C S N A M K K I O A D U Z U Q E K G
Q Z S G Z E P Y I L D W I K K M D B
```

CARLSON
DUBNYK
EBERLE
GAUDREAU
GREEN
HEDMAN
HOWARD

JOHNSON
JOSI
KEITH
KESLER
KOVALCHUK
LEHNER
MAKAR

MCDAVID
NUGEHOPKINS
PANARIN
SIMMONDS
STASTNY
THORNTON

Puzzle #59

HOCKEY TERMS

```
A Q X V N Y N W B S Z Z Y C U J Y S
E W B J D H O Z A W U X T D L V O X
K T Y L O S H E A D F A K E C H S
Z T O I U D K C E H C P I H F D D L
B D Y C Z E W V O X D N E T T U B I
I V M B S L L Z I P N L Y D W L B R
B K V L K A M I X S A Q E P I Z L V
O V R L Y Y S Q N O H E K Z N S J M
N W R I S T D K G E T O C Q G G I V
Q G T K F S R D Z S R K O J C S N H
P J Y Y X I A E I W O Z H T C X G B
B S K T E E O S D S H E D O Q U O P
V Q W L H J B G L N S D N E M O K J
O P U A L F C T G X I D O K F S N H
V Z O N S E L T S Z U M P O H A G Y
B G E E R E F E R C K W T T T A M Q
I V O P Y G Z N T A I R K E M L D V
Z Q D M H D Q Q P A M K G E N I L A
```

BLUELINER	HIPCHECK	PONDHOCKEY
BOARDS	LEFTWING	REFEREE
BUTTEND	LINE	SHOOT
DELAY	LOSS	SHORTHAND
GAME	MISCONDUCT	WRIST
GOAHEADGOAL	NETMINDER	
HEADFAKE	PENALTYKILL	

HOCKEY TERMS

```
R  J  U  X  V  Z  F  F  G  B  X  Y  Y  E  I  T  R  Y
Y  L  J  P  I  D  P  S  J  W  U  Y  P  H  T  O  Q  M
M  Z  B  U  P  S  S  W  U  Y  R  T  S  I  M  E  H  C
T  Y  C  M  N  V  L  L  W  J  X  Y  U  W  E  D  O  T
L  N  T  I  D  H  P  A  M  A  W  C  K  R  Y  R  M  O
T  P  Y  W  H  L  D  R  N  C  S  F  O  C  Q  A  E  Q
R  B  C  F  A  N  A  T  K  I  B  U  Q  T  L  G  I  L
T  A  L  Y  N  I  L  U  B  M  G  L  J  H  J  U  C  W
O  D  E  X  D  T  G  E  Y  H  M  I  T  E  W  R  E  C
D  R  V  W  S  R  G  N  I  X  U  M  R  P  R  P  U  T
N  E  D  A  H  O  M  N  O  S  Q  T  T  O  V  S  T  D
Y  M  F  L  A  O  G  N  A  G  I  H  C  I  M  M  E  G
B  I  Y  I  K  U  T  O  I  P  E  P  Q  N  F  O  Q  Y
W  T  F  C  E  U  Q  U  O  S  T  U  O  T  O  O  H  S
R  E  M  Y  A  N  G  X  J  N  H  C  T  T  A  K  N  S
L  N  Q  L  Y  T  O  U  K  K  X  N  B  D  W  Q  A
Q  O  I  H  L  U  O  Z  O  A  H  O  W  Z  G  O  A  L
I  C  V  W  E  D  C  L  O  Q  V  X  Z  H  H  P  Z  G
```

BISCUIT	JERSEY	SHOOTOUT
CHEMISTRY	MICHIGANGOAL	THEPOINT
GLASS	NEUTRAL	TIE
GOAL	ONETIMER	TOEDRAG
GOON	ORIGINALSIX	ZONE
HANDSHAKE	PLAYER	
HOMEICE	ROUGHING	

HOCKEY TERMS

```
X Z L A X D Q I I D T P R P W E M I
H M L M S C R A T C H J P D T L Q D
I P B N D S F I O D C U T A O T V V
T U O B E V A N H M A I F I P G D K
B K P W F W R P W M G N N A S H X Q
O H D M E C E K D M E O M A H Q O R
R H E T N R P P N D U U C E S B G
C X C M S T P E I X I C D H L H Y H
S N N L E H O L G D E L T A F G T U
V R E Q T K L S A R I C B E S H L I
J S R X O A F J P Y L J N D M Q A S
X M E N O Z L A R T U E N I J L N H
E I F G Y E S W L J Z A D S B O E H
X P R L D S C B W U T W Z T Y N P H
P U E Z B W W N H S I I M R J L I K
L O T L R X I G E Q D N U O B E R S
R U N Z F O R B S L A P S H O T S N
G N I W T H G I R I G T E S E V P M
```

BLINDPASS
CAGE
DEFENSE
FLOPPER
GOALLINE
HELMET
INTERFERENCE

NEUTRALZONE
PENALTYBOX
POWERPLAY
REBOUND
RIGHTWING
SAUCERPASS
SCRATCH

SHORTSIDE
SINBIN
SLAPSHOT
STANDS
TOPSHELF

NHL LEGENDS

```
K H X C J M E E U B F B E F N B Q R
T J O X R J Y G E N N A L E S K E X
W B L C G E Z L I N D S A Y X K E N
I K G R A H I T L V V P M T S I K U
B D R R J V W T Y M A J Q S E P R H
C J H D E C G V T Z S G Z M N Q A C
B N I A D T U C R O L O M P O R L C
Z H U K R C Z Z I X R M A E T Z C U
Z D E E A V T K L K M T H R R K M X
J B V D H F E G Y W A L O R O M A W
Y A S A C E C Y C S Z S V E H H Y M
T E M Z I I M X I B S H L A M W J S
E O F O R S B E R G F O I U I B A E
D F W F D L A Y X Z K R C L T W D Z
Q L A F O N T A I N E E H T C J U L
F Y W H J C D W U Y C L D H M V D V
D Y Y M C E M M U O A X U I X S R C
Y Z P I T V A J C E J K P V L D H H
```

ARTROSS	JAGR	SAWCHUK
BELIVEAU	LAFONTAINE	SELANNE
CLARKE	LINDSAY	SHORE
COFFEY	MAHOVLICH	TIMHORTON
FORSBERG	PERREAULT	TROTTIER
GRETZKY	RICHARD	
HARVEY	SAKIC	

NHL LEGENDS

```
X  G  C  L  B  D  S  D  A  O  E  J  R  S  T  R  B  H
D  P  K  Z  H  Q  Y  W  U  A  N  G  F  R  H  C  T  C
W  U  G  L  H  X  R  O  B  I  N  S  O  N  L  Z  M  D
R  U  B  O  U  R  Q  U  E  Q  O  T  M  I  Q  V  P  S
V  T  P  P  L  E  O  H  E  C  I  M  Y  I  H  G  X  P
X  X  V  V  L  L  A  H  G  D  D  G  E  O  L  N  E  Z
E  G  A  O  X  P  W  M  R  J  O  A  R  Y  F  I  G  E
C  W  Q  I  N  O  U  O  J  N  A  R  N  S  R  E  O  L
V  M  E  S  S  I  E  R  A  I  J  T  B  N  A  K  G  L
Q  A  I  H  O  P  I  T  M  V  P  N  I  W  N  Z  H  R
S  S  Y  E  S  P  O  S  I  T  O  E  P  K  C  Y  U  B
W  Y  Y  J  I  P  Q  D  O  O  V  R  Z  L  I  T  O  V
I  W  I  N  N  C  V  I  O  P  B  O  I  T  S  M  X  R
F  I  U  G  N  Q  S  L  X  X  T  C  B  T  Q  L  H  B
A  J  T  L  I  P  E  P  Q  H  A  L  E  V  D  R  J  G
D  A  T  B  C  N  O  E  K  E  V  A  D  V  A  V  Y  B
R  R  U  O  A  F  L  C  U  T  N  S  U  X  E  T  Q  S
M  P  G  S  M  B  Q  A  L  S  M  N  L  O  A  F  I  Y
```

BOURQUE	GARTNER	MIKITA
BRODEUR	HALL	ORR
BUYCK	HULL	POTVIN
DAVEKEON	IGINLA	ROBINSON
DIONNE	LIDSTROM	ROY
ESPOSITO	MACINNIS	
FRANCIS	MESSIER	

HOCKEY TERMS

```
I  C  M  S  J  R  X  J  A  U  I  X  H  A  S  C  N  R
B  M  Z  U  C  O  D  D  M  A  N  R  U  S  H  O  L  J
R  O  S  R  X  Q  J  J  O  B  E  N  D  E  R  A  F  K
W  B  N  M  V  K  O  G  R  B  Z  E  R  O  J  N  L  S
U  K  L  F  N  B  J  S  D  F  R  R  C  D  Y  N  S  Z
N  D  U  A  O  A  D  K  O  I  Y  U  H  R  K  E  I  K
F  R  P  E  D  V  R  S  I  P  N  U  J  Q  S  L  G  D
S  O  R  C  H  E  C  K  I  G  E  B  G  T  X  L  A  S
Q  A  U  Q  F  H  S  C  R  E  E  N  S  H  O  T  B  C
A  S  O  A  J  H  K  O  S  Y  H  Y  O  V  E  V  U  G
T  Q  F  N  U  R  D  S  F  E  S  A  E  R  C  B  T  L
G  D  N  T  C  Q  H  Z  Z  D  L  S  W  O  B  L  E  E
L  B  O  L  I  T  Q  P  J  S  A  E  C  K  A  P  R  A
F  U  E  L  M  H  D  B  C  J  S  K  O  O  H  N  A  F
T  I  V  P  M  X  H  B  Q  I  H  Z  G  K  R  Z  J  T
V  Z  I  A  Y  H  K  A  R  D  T  N  I  W  G  E  X  Q
D  E  F  Y  W  U  R  L  V  C  W  E  D  R  B  Q  O  C
Q  G  A  W  R  R  E  A  E  O  B  C  A  O  F  V  G  A
```

BAG	FIVEONFOUR	SCREENSHOT
BENDER	GLOVES	SHUTOUT
BLADES	HIT	SLASH
CHECK	HOOK	SOCKS
CHERRYPICK	ODDMANRUSH	WIN
CREASE	OWNGOAL	
ELBOW	SCORE	

HOCKEY LEAGUES

```
R Y H P K O N T I N E N T A L R U C
Z I J R G Z Y H A Z L Y M A A Y V Z
V D J I X Y N I T V O E T C R B C J
U T R P Z H D Y X N R T Y E T K L K
I X L E F A S D E I F I W X N D A M
O N C M N W X F C Q Q E J T E I R W
S W F A W P Z A O D L Y C R C P E W
I Y C E O L N R E T S E W A U M D M
S K V A W A A L F T L R S L H C E C
V J Z H S Y T I A S H X I I I P F O
J D P A X R I A O G S G L G C I T N
P V J Z L K O V T Z U I J A T F G T
A T M I R F N I F E S X X D P V V A
D V L Y I A A C N P Z N A A A V O R
M Z E G E L L O C U Y G Z K J Z D I
N G O F W A R R L H J M Q Y F K Q O
P S X N J D A D G M T M I W R S T Z
Q E E L V Z H F J C T Y V C U P E Z
```

AMERICAN
CANADIAN
CENTRAL
COLLEGE
ECHL
EXTRALIGA
FEDERAL

JUNIORS
KONTINENTAL
LIGUENORD
LIIGA
NATIONAL
NCAA
NLA

ONTARIO
QMJHL
USHL
WESTERN

EX/CURRENT NHL TEAMS

```
A  S  P  Z  U  A  O  K  X  G  M  S  T  P  A  T  S  Z
P  T  W  E  N  A  L  C  M  N  S  R  E  G  N  A  R  I
J  E  A  S  I  P  V  A  S  M  T  N  U  A  I  U  E  V
P  K  N  L  Q  V  L  A  D  P  H  A  O  R  V  X  D  K
P  C  M  G  M  G  U  F  L  L  G  P  S  R  P  R  N  G
J  A  H  H  U  G  K  T  H  A  I  C  P  X  A  Y  A  R
E  J  H  N  S  I  T  X  K  Q  N  W  Q  X  N  B  L  M
R  E  N  O  R  D  N  I  S  I  K  C  P  D  T  N  S  M
S  U  O  R  E  K  S  S  P  D  N  R  H  O  H  F  I  D
J  L  O  T  H  B  E  W  T  P  E  G  F  E  E  A  M  Y
H  B  F  H  S  N  T  N  C  D  D  W  S  P  R  Z  V  E
P  V  E  S  A  Y  O  O  A  G  L  O  F  V  S  J  A  M
I  O  P  T  R  B  Y  T  N  P  O  O  I  L  C  O  A  T
B  H  O  A  H  D  O  V  U  U  G  V  I  L  I  Y  W  Z
K  R  U  R  T  R  C  Y  C  Y  K  V  Y  K  E  Z  V  Q
S  X  F  S  S  F  N  E  K  S  E  U  Q  I  D  R  O  N
J  R  D  X  H  N  L  U  S  D  L  O  N  B  D  T  S  L
X  X  N  B  C  O  P  R  R  R  E  C  T  K  W  W  C  P
```

AVALANCHE
BARONS
BLUEJACKETS
CANUCKS
COYOTES
DEVILS
GOLDENKNIGHTS

ISLANDERS
KINGS
NORDIQUES
NORTHSTARS
OILERS
PANTHERS
PENGUINS

PREDATORS
RANGERS
SENATORS
STPATS
THRASHERS
WILD

NHL LEGENDS

```
B P W B N M N D U E W G S Z S A R R
V Z Z G U Z V Y K H E B P F O G J P
G I G I C C W E Y U V M Z G R P L O
B M O R S W Y I E X Y H Q B D A C F
H L N U A P Y M A J R S Y S N P V R
H A S E K N M B E T U S T T I F J G
R N W L I O T H B C K H E A L A S L
A T Y F D Q J F Y K N C I S D D O O
R V P A D B H G U Z O T E T N X I W
S Z N L Y Q Y R G H I E Q N K Y L Z
Q O M S P N B N A M R E Z Y S L E V
U J S K I R R U K C F L V P W X H T
H O A D U C G N O E F A Z A K H C E
B R N S Q S H F D O O Z O V E J D M
T U X K T O D R Y D E N B Y Z P P V
S T R C W Y K B T K G K M E S J F X
R T L E M I E U X F H M Z Y W K B K
C O G J J F C D U Y C F D Y U K T X
```

BOSSY
BURE
CHELIOS
DATSYUK
DRYDEN
GEOFFRION
GRANTFUHR

HASEK
HOWE
KURRI
LAFLEUR
LEETCH
LEMIEUX
LINDROS

MODANO
PLANTE
STASTNY
SUNDIN
YZERMAN

NHL STARS

```
N  H  U  K  G  J  G  V  L  C  X  P  K  X  F  D  E  M
T  Y  V  V  B  X  Z  V  L  E  Y  P  V  R  B  I  T  A
O  B  P  L  E  P  S  N  M  I  H  Z  G  S  B  M  Y  R
F  N  Y  L  L  B  S  L  B  A  K  V  P  E  U  V  F  C
I  F  Q  S  E  K  C  A  B  G  C  L  W  G  R  R  H  H
R  J  E  N  T  O  R  I  C  O  I  K  T  U  N  A  P  A
A  O  Z  F  V  Z  T  B  X  K  G  S  I  I  S  T  P  N
G  B  D  R  A  U  W  J  K  S  K  T  H  N  S  I  W  D
C  Z  U  L  N  P  B  C  Z  E  E  O  W  W  N  P  D  Z
J  S  U  U  R  A  F  R  W  D  Z  N  H  P  D  O  T  E
G  A  G  P  I  L  F  A  M  N  R  E  T  W  F  K  N  X
R  B  I  A  E  S  X  W  P  A  E  A  E  Q  R  C  B  S
J  M  O  U  M  S  H  F  R  L  L  N  I  K  L  A  M  W
Z  W  R  M  S  L  I  O  E  V  D  Y  E  R  S  R  W  Y  F
J  Y  D  O  D  G  I  R  E  D  I  E  R  K  A  R  F  H
I  R  A  B  Y  W  K  D  A  Y  B  S  O  R  C  I  S  J
X  B  N  B  K  V  T  T  Y  P  U  V  Q  T  Z  S  T  M
W  X  O  C  B  B  Q  Y  G  D  W  J  R  G  A  J  U  L
```

BACKES	FLEURY	MARCHAND
BARKOV	GIORDANO	PARISE
BARZAL	KOPITAR	SEGUIN
BURNS	KREIDER	STONE
CRAWFORD	LANDESKOG	VANRIEMSDYK
CROSBY	MACKINNON	WHEELER
DRAISAITL	MALKIN	

NHL STARS

```
H T Y A O V R Y M J Q N H T W N R Y
D S N N E Y Y L C N R X A H O O M Z
H X D M T F K E S S E L C K X L E Q
O Z G A S L J Q V A A F N U S N B U
D V Z O L L H A B P X E O W Q G K K
T L V R O B G R E B S R O F W R Z E
R F A T W W K X J A I U M F D E I Y
F N N N E B B E R G E R O N A D W Q
V F O M B J C A E L N Z G N B I O J
A O R Y F U T Z D U E U O O R E K D
E L R E D N A L Y N H T O T C N D A
H I E E C V G H R D C R A G F H M D
I G P C H V T Q U Q U I Z N U C N A
I N I U L C Z I L V D M I I G S N H
Y O E S D G U I C I I H Z N H W V R
T Y T I V O H K P S A Y T N A U I I
F T E P A E Q R E T U S B I N O A X
L G B A M M O R T S K C A B Y T F K
```

AHO	FOLIGNO	NYLANDER
BACKSTROM	FORSBERG	PALAT
BENN	GIROUX	PERRON
BERGERON	KESSEL	SCHNEIDER
BINNINGTON	KUCHEROV	SUTER
DUCHENE	LETANG	TARASENKO
EKBLAD	LUNDQVIST	

HOCKEY TERMS

```
A Y B E G N A H C E N I L N W N O S
X X H C R O S S C H E C K B D W O L
F H H J I K A U R L E M L Q E M B R
U R E T N E C L N N V C G A V C U P
S E D U D Q M J T I N Z B A P A Z Q
L G K N E P M R R E M K U E J P Z N
E N F O R C E R P W N S R A G I E X
X I I C U I B N F B G D U W N R R R
I W L A C Q U K A Z X S E L I T B J
L P O E T B H C H L I L W R P B E X
G E O X Z P L E M Q T X H Z P V A O
E O F B A P A H U H Q Y E D I H T D
Z P Q S L A I C I F F O S T L I E E
E D Z R T O R E J N G V B H C N R L
U Z W S B G K R G G Q P A K O E P V
M E E R H T N O E V I F W A D T Z U
R L E X L M J F F H A V D R N E C X
O M X X X M K R J Y V X Q G S B R C
```

BUZZERBEATER
CAPTAIN
CENTER
CENTREICE
CLAPPER
CLIPPING
CROSSCHECK

ENFORCER
FIVEONTHREE
FORECHECK
GOALTENDER
GRINDER
LINECHANGE
NET

OFFICIALS
PENALTYSHOT
PLUSMINUS
TRIP
WINGER

HOCKEY TERMS

```
U E H Z F D D E T P L Z J B D I N B
S K O V H L X X F Y R C M Y Q K Y B
P W Q P X W A C R O S I U S W C H V
T Z I M D O M S K L B A H E Y I B R
U U B H L G R S A V E X D C R R W K
L D T S D R F O I Q H T L Z E T H M
Y B J X F O G D A S H E R W D T V E
V B H T G N E R T S L L U F L A A N
T X S E O I B A C K D O O R I H K I
L A D T A M V V F I G H T I N G L L
B S O U K D T Z G V R E N U E X V E
M H P O J J B X T C O V E R R S H U
S B P K K D Z U U K V I X P E D X L
D V L A G R Q X T Y L F R E T T U B
Z A D E M U I D A T S H G C H Y K D
A B D R J D N K M H G U F V G A U X
R Z R B R D S G W S H X H I D B B
K H U V L T U P L Y Y L V S F D Z J
```

BACKDOOR   DASHER   MINOR
BLUELINE   FIGHTER   REDLINE
BREAKOUT   FIGHTING   SAVE
BUTTERFLY   FIVEHOLE   SHOTONGOAL
CHIRP   FULLSTRENGTH   STADIUM
COVER   HATTRICK
CYCLE   HEADBUTT

EX/CURRENT NHL TEAMS

```
L Y H U R R I C A N E S V I K G N B
D E N A A S E I Y W N Y Q Q O Y X O
W F F A K H K D A S R E Y L F P S T
P D W U W S S W W E N W D R L H B G
Y O W R A M F W A I O E H W B P C K
C T C B P U H L E H N C B R G M C B
G D R O D Z C W K S K G J C S M W A
W E A S G P T L E C O C S L W N T V
S N E I D A N A C M F L A M E S T L
V R A G T U L N A B T T N L M D I G
J T A M H S L P L I I C S I B S L Q
S Q Y T R T L G B P J K E T R E I K
O J W T S E B M A U C H U E U F U M
L F S V L J K C F U I J L K I O J M
O Q A E E O J M D M C A B Y N Z C V
U J A Q N G N I N T H G I L S K Y S
O F V D Q D H L F W A N D E R E R S
S H A R K S W W V B U X B C U F T X
```

BLACKHAWKS	FLYERS	SABRES
BLUES	GOLDENSEALS	SCOUTS
BRUINS	HURRICANES	SHARKS
CANADIENS	JETS	STARS
CAPITALS	LIGHTNING	WANDERERS
DUCKS	MAPLELEAFS	WHALERS
FLAMES	REDWINGS	

COACHES

```
U Z E A X X S L X Z O I W Q J Q X F
D G I N E I L U J K H I L A C T N Q
N Z N N Q X H C A L M I C K N R N S
L R T I A O N A N E E K A L P L A M
S V U U J S W A O W R A T U Z Y G M
O V G Q F T V Q G F J D L N Q N W S
N I X F A I R U D B Q A U B B G R V
N K U O L Z V E S T M M A O K H L S
U R S L J Z F N Q R Y S E W B C H X
Q E U N T R W N D E V W N M A Q K H
D S K O F B S E V O R T G A B K S X
U K R I B U G V X B O E I N C F Y U
W T Z C T R E I J E Y W V G O A I Z
P X P T U N A L B D W D O J C M N O
G G E E N S N L I X Q M Q E K B A Q
I R D T M I A E P Q C T I W U N K U
Q W L G H K T W Z W L N I J V I K W
P D O Z E T T E L O I V A L U W D Y
```

ADAMS	IMLACH	SULLIVAN
ARBOUR	JULIEN	SUTTER
BABCOCK	KEENAN	TOEBLAKE
BOUDREAU	LAVIOLETTE	TROTZ
BOWMAN	QUENNEVILLE	VIGNEAULT
BURNS	QUINN	
DEBOER	RUFF	

HOCKEY BRANDS

```
S  J  J  H  A  H  B  W  G  W  C  R  J  L  A  F  O  J
Q  L  U  M  K  M  A  E  J  A  Y  R  J  B  D  G  T  K
S  C  P  X  T  B  A  N  O  R  C  I  M  O  I  B  I  C
Q  M  O  H  E  R  Y  X  W  R  B  G  M  Z  D  P  I  I
L  R  X  Z  B  I  M  O  A  I  C  M  R  P  A  K  G  L
C  K  J  R  U  Q  N  D  O  O  W  R  E  H  S  B  S  C
I  W  I  L  S  B  A  U  E  R  Q  Q  I  L  I  S  O  W
D  I  A  I  Y  T  K  V  A  A  A  H  M  O  B  F  G  I
L  V  V  J  A  R  A  O  R  F  S  C  S  Q  O  U  E  F
W  S  L  W  R  U  S  D  C  E  C  T  J  M  E  G  W  V
J  H  T  O  G  E  O  J  B  R  E  T  O  J  L  N  W  A
L  N  Q  H  G  B  C  U  E  E  U  B  S  N  Y  L  I  X
X  Y  A  S  X  P  A  Z  L  M  P  M  O  N  Q  F  D  Y
U  N  K  G  S  S  A  T  R  Z  Q  M  D  K  K  B  L  R
B  Q  W  N  J  H  A  I  E  U  V  M  V  M  W  O  V  B
C  R  U  O  M  R  A  R  E  D  N  U  Q  V  Y  W  K  J
Z  F  L  G  R  E  A  G  L  E  Q  X  H  L  T  F  Z  N
V  O  V  D  I  B  E  Z  E  Y  Y  X  F  D  D  E  O  J
```

ADIDAS	GONGSHOW	SHERWOOD
BAUER	GRAYS	TRUE
BIOSTEEL	GRIT	UNDERARMOUR
BROWN	JOFA	VAUGHAN
CCM	MICRON	WARRIOR
EAGLE	OSAKA	
EASTON	REEBOK	

HOCKEY TERMS

```
G  L  T  E  K  S  A  B  D  A  E  R  B  R  J  C  N  E
O  E  A  N  D  P  H  R  A  P  F  M  A  C  M  V  D  M
K  O  Z  N  R  E  U  R  K  A  A  T  C  O  I  B  U  A
V  L  Y  D  K  N  P  K  C  E  H  C  K  C  I  T  S  G
S  P  S  W  I  A  X  G  T  V  D  T  C  X  V  W  S  D
Y  T  L  A  N  E  P  L  V  D  L  O  H  L  J  T  N  A
Q  B  R  E  A  K  A  W  A  Y  M  T  E  N  N  E  P  O
J  B  K  Z  Q  I  N  F  U  U  D  J  C  L  M  P  V  R
W  E  R  X  C  J  S  U  U  V  U  T  K  P  E  F  Q  U
D  K  O  E  F  Y  C  P  N  T  Q  A  T  Y  F  G  Q  X
S  B  P  U  P  L  D  M  R  T  I  Y  H  A  Z  J  A  Q
N  S  Z  T  M  I  G  S  H  C  N  P  L  G  R  E  Q  P
U  P  W  R  C  N  N  D  X  E  O  C  Z  Q  R  N  X  M
C  E  Y  T  O  E  W  S  T  N  O  R  F  T  E  N  F  R
H  M  Z  N  J  S  H  H  N  M  H  B  S  D  N  S  D  I
G  W  T  L  Z  M  D  U  S  V  V  N  G  I  I  X  Q  U
K  D  E  I  L  A  O  G  H  K  S  O  U  P  V  L  D  K
M  T  Y  J  B  N  M  O  U  T  H  G  U  A  R  D  Q  M
```

BACKCHECK	GOALIE	ROADGAME
BOX	HOLD	SNAP
BREADBASKET	LINESMAN	SNIPER
BREAKAWAY	MOUTHGUARD	SPECIALTEAM
CORSI	NETFRONT	STICKCHECK
DEKE	OPENNET	
EMPTYNET	PENALTY	

NBA PLAYERS

```
L V Q D P Q P E D X V P V B X T E P
G I T Z J C X D B A C M D U H K Y W
V L B K S Q Z G P I P G I O R E H P
L S C H R O D E R W E T N U O J E D
L E N J H T I S J X N M B B O L N O
C S Y B J S M B Y Z A Y T J D A M N
X O R Y Q A I M U K E J B N M R U C
X R W E I K S M E R H A A G J L M I
O K O L G S S R T R P R N E O L S C
M C L R R U G G H J L K Y P Z Z V F
W I E E E A Y S G E O R G E H I L L
W R L V G T N A R U D N I V E K X G
T R Y E M S E M A J N O R B E L J E
W E K B O B H A R D A W A Y J R O C
U D A N N M G N I V R I E I R Y K F
R I Z S R B X U W U G J K M U X I B
G N F Q O P Z U H L K O R K L G C U
W F H G E Z H T I C B X Q W I R C D
```

BEVERLEY
DEJOUNTE
DERRICKROSE
DONCIC
GEORGEHILL
GREGMONROE
HARDAWAYJR

JOKIC
KEVINDURANT
KYLELOWRY
KYRIEIRVING
LEBRONJAMES
RANDLE
RANDOLPH

RUBIO
SCHRODER
STAUSKAS
THONMAKER
TREYBURKE
WILLIAMS

G LEAGUE TEAMS

```
T O Y F S Z T Z V L B L H U T L Y J
E V U T Y X P S Y V L O C S H E K F
F S L Z H F W X S S R E P I V G U J
N W M X B A M A S T U U P G W E H U
Q I G W R N E T W O R A W G V N O I
U Q E M A D A N T S H D A I J D L B
D A U E Y O O I D M R V F Z J S L S
R I Z Y C A E P M R Z O V Q R M K D
S F D E Q R I D W X E I I P F Y F C
O E U L B Q O N B N F H W R H D W C
R L V L R G G F I Y K X L A R F N J
B H V L I F W N Y M W N W I E A O I
T T S Y O P Z Y Y K Q K V T D V W J
M T L J B W E L A X S E J R C W U T
H I E S A J O I S X O H B U L L S I
K Y N P U N X I O T N E G R A H C L
R B O L J C V D W S Q U X T W M V D
B O U T V B B K U K N I C K S X J W
```

BLUE
BLUECOATS
BULLS
CHARGE
DRIVE
HERD
KNICKS

LEGENDS
MADANTS
NINEOFIVE
REDCLAWS
SKYFORCE
SKYHAWKS
SPURS

SWARM
VIPERS
WARRIORS
WOLVES

NBA PLAYERS

```
A S K H T T E R R A B Z F Y A G X W
K L N I B O D V E E W Q E O W K N Q
J A Y L E N B R O W N T E X O U M I
L L B W D E P A U L G E O R G E W P
N E Y M F F D I R A N I L L A G Q M
F P G I A T R O S G C I G A R D E X
B A I S J B A O L N R W V L P S H H
C C A A E H W M O U A P Z E F W E K
Z I N O I T O I S O W S Y I K W G X
H H N A P F H T A Y F K X K E Y X A
S P I E H S G C G E O V F S X A M A
L O S E I S W H U A R I T A T Q P N
E R K D A G M E A R D B U M X S O G
Z E D R K D H L P T R C W O T L G L
H E V L L M O L P O R Y H H H N N X
R M A R C U S M O R R I S T T H A I
K A H X T L K K M B A Z E M O R E I
S A Q T W C Y G C F U B I J D X Y S
```

BAMBA	GIANNIS	PAULGEORGE
BARRETT	HOWARD	REDDISH
BAZEMORE	JAYLENBROWN	SETHCURRY
CAPELA	KEVINLOVE	THOMAS
CRAWFORD	MARCUSMORRIS	TRAEYOUNG
DRAGIC	MITCHELL	WESTBROOK
GALLINARI	PAUGASOL	

BASKETBALL TERMS

```
R F U J T D V R Q N G F Y M Z L A R
B E M Q N O I T I S N A R T H A R C
X H M N E M H R F P F H I D M X H C
K S H K S X C I B B Q F X F L A F X
G V S H J I N M W F Y E K E L Y B X
Q I O F R E E T H R O W M L N D Y G
I T W T B T B S Z V G W E B N H H M
T O J N I E R O C S A N M U K C P P
N H P E N I F P P M G J O O A E Z W
K S A M R N Z H L E O B K D U Z J N
D E L A Y O F G A M E S R E Z Z U B
G H M N A X R I Y R E S R L O S W D
Y T I R K Y I H M M T V O P V G Q U
C X N U L W V F A K T Q S I L S C J
N P G O Q N V G K C A T S R V H H V
Y Z S T F F T V E Y S T S T E C M U
X L D P E N E T R A T I O N Z F L N
R W Y F F X I L U N U B M X C A E A
```

ARC	HIGHPOST	STACK
BENCH	PALMING	THESHOT
BUZZER	PENETRATION	TOURNAMENT
CHALLENGE	PLAYMAKER	TRANSITION
DELAYOFGAME	REBOUND	TRIPLEDOUBLE
FREETHROW	RIMSHOT	
GAMES	SCORE	

NICKNAMES

```
S  I  D  T  V  P  Z  N  O  I  N  Q  H  R  E  L  Y  G
B  S  L  Z  B  Q  T  H  E  C  A  P  T  A  I  N  Y  Q
D  Y  J  R  N  O  W  G  H  G  I  H  I  I  H  E  O  G
C  L  R  U  D  J  B  E  R  X  E  T  O  V  G  Q  I  J
U  H  Y  T  H  N  F  E  U  J  R  O  T  C  O  D  E  M
A  D  I  W  V  C  E  Q  E  V  A  W  O  R  C  I  M  J
Z  J  W  E  U  K  E  T  U  D  S  V  G  T  V  E  Y  H
A  W  P  R  F  D  D  C  O  B  R  A  B  F  I  M  M  J
P  B  R  R  O  T  A  N  I  M  R  E  T  U  N  K  J  J
L  Y  E  O  Y  I  S  N  L  O  T  S  I  P  S  U  F  Y
C  A  D  I  L  L  A  C  C  W  Q  O  O  G  A  E  O  I
K  F  T  I  R  W  W  A  R  V  P  E  X  P  N  T  U  J
K  T  H  E  L  O  G  O  E  E  I  A  V  F  I  M  G  Q
P  N  B  K  E  A  N  F  M  O  D  X  Y  F  T  A  A  S
P  Q  B  X  O  N  C  M  M  S  N  I  Q  F  Y  L  D  N
T  N  A  M  D  R  I  B  A  M  I  N  P  S  Y  I  S  Q
G  T  H  E  T  R  U  T  H  N  G  M  S  S  Z  Q  B  H
Y  K  S  C  U  T  G  D  G  S  D  X  C  W  W  Y  B  H
```

BIRDMAN	GREEKFREAK	TERMINATOR
CADILLAC	HAMMER	THECAPTAIN
CHEFCURRY	IRONMAN	THEJET
CHIEF	MICROWAVE	THELOGO
COBRA	PISTOL	THETRUTH
DEEBO	REIGNMAN	VINSANITY
DOCTORJ	SPIDER	

BASKETBALL TERMS

```
S  R  J  Z  G  O  D  A  V  I  D  Q  A  F  W  S  H  S
Z  D  R  I  V  E  K  L  F  B  E  P  H  E  Y  Z  A  F
H  A  S  H  M  A  R  K  G  H  O  J  E  F  Z  U  M  Z
O  G  L  B  Y  Q  E  I  S  S  Z  T  W  T  H  R  E  F
J  M  P  E  R  C  Q  D  T  U  C  E  D  I  S  N  I  A
Q  C  V  G  D  R  A  U  G  E  V  Z  O  W  I  Y  U  O
S  K  B  E  A  E  P  D  O  C  R  L  U  Y  W  G  D  U
M  P  D  I  E  A  I  R  B  A  L  L  B  U  S  G  T  T
J  S  P  U  G  K  C  O  L  B  X  Y  L  C  L  U  L  O
V  V  S  Y  X  M  K  L  A  W  R  X  E  Y  Y  N  T  F
A  J  I  A  L  Q  A  O  L  E  Q  R  D  F  X  N  W  B
E  M  S  B  P  B  N  N  F  A  T  S  O  P  N  E  P  O
G  N  J  Z  V  Y  D  E  M  C  B  U  U  P  T  R  H  U
T  E  O  Y  J  F  R  N  R  J  L  L  B  D  K  K  Y  N
Z  F  H  G  E  E  O  T  O  H  J  C  L  X  V  T  J  D
O  Z  D  G  E  Y  L  U  N  P  D  X  E  A  K  B  S  S
O  Q  Q  V  I  X  L  Q  W  E  O  J  T  N  M  G  Y  A
M  Y  Q  G  S  F  A  Q  O  N  C  F  Q  U  U  S  C  U
```

AIRBALL	GUARD	POSTUP
BIGMAN	GUNNER	REFEREE
BLOCK	HASHMARK	RETIRE
DOUBLEDOUBLE	INSIDECUT	SMALLBALL
DRIVE	OPENPOST	SWISH
ENTRYPASS	OUTOFBOUNDS	
FOUL	PICKANDROLL	

NBA LEGENDS

```
Q M V Q T O T F M L P B R A C G E P
U M E E P N Z O P Q M A P Y V O K F
W M C H S D H Z J I Y B O R R K S R
B O Z H J D X R C A M G B C M C D G
Q W E W A E E Q L Y M M M A E U H M
L X X F T L Y L W G O B L B Z J V L
B E W F X B E K R M V O G S C S P M
B N E E I N P P B G N A S H I J E C
X J R F K O K I N E P P I P D K V G
F D G D B S L I O W H I N M P G M R
C U K B Z T N Q T I G H O E E B O A
W S J T T R B X L N H Y S E N L Z D
R Z J I U E A B A G W E N R Y O N Y
Q F W O T B J N W H Z L I A C Y S Z
C F M G H O C V M K Z K B K N Z V P
R E I Z A R F P C L B R O B X U R T
O W Z Z Z G M C U J G A R N E T T U
A O U C B Y F J E N C B F B D U K W
```

BARKLEY

BAYLOR

DREXLER

EWING

FRAZIER

GARNETT

KAREEM

MALONE

MCGRADY

MCHALE

MOURNING

NASH

PIPPEN

RAYALLEN

ROBERTSON

ROBINSON

SIKMA

WALTON

NBA PLAYERS

```
C L O I Q Y L G V G W Z M O O K Q C
Y Z Y W L Z G R I Z V W G W X P L Y
J R U E H O L I D A Y M N R U K D T
W F S F D L S O S Z Q B Y W O C Z Y
G Z I T P I C Y P T N A R O M A J L
L Z R A A A S B W D Q O C A D X C K
E V R K F T Z E F T U N T L D C Q A
E Y A J J T U X T R N F E Y Y L X L
T M H E A Z S M H I W I F F A K E S
P J S T R E L T U B H S V M G X D Y
T G A T V P C Q H V A W N Z N L G B
R G I D F O Y R R B Z R K W U R A D
X D B A O L K K O B Q U L C O X V T
X Y O E C D X N E W Z G B U Y T N Y
G M T R R T I D U M D X A W K D T G
X L Y U U S Y B A R N E S T C K J I
Z N X N U V X L I L L A R D I V I M
P D X K Z S Z T H O M P S O N C Y T
```

AYTON

BARNES

BRADLEY

BUTLER

HIELD

JAECROWDER

JAMORANT

JRUEHOLIDAY

KUZMA

LILLARD

LOPEZ

NICKYOUNG

QUINNCOOK

SABONIS

SIAKAM

TATUM

THOMPSON

TOBIASHARRIS

TOWNS

WHITESIDE

NBA/WNBA TEAMS

```
M G R Y G P P K Y M Y S C W R X G H
H N R X C L P C J J S L Z C L H O H
R W K M K T W A S D Y S K C U B F D
L A F O W L I N R E D N U H T O D F
J S T E N R O H E R G A E F R N N W
G R U H K T G H E K X C U T C Y A B
H E R X S G Y A S G K I N G S L G A
Z C C I G A M W Z D R L L N P G G E
B A P I N H S K K V A E L B U S T V
Q P B I Z J O S B Y P P Y S R G Z H
Z T H Z C Q G V H G T V N E S W R O
Y X A S O A Z N K W O S X Y L U E R
P J L E B N U Z G X R I C B A K Q L
O O U Y H Y Z N K M S K C I N K V N
X T T S E V L O W R E B M I T P K B
W H L P F V F I C R H A V R D S J N
Y V B A N V R G D Q O P B F R M Y Z
E D F W J T P P V H F K Q E J O F M
```

BUCKS
DREAM
HAWKS
HEAT
HORNETS
JAZZ
KINGS

KNICKS
LYNX
MAGIC
MYSTICS
NETS
PACERS
PELICANS

PISTONS
RAPTORS
SIXERS
SPURS
THUNDER
TIMBERWOLVES

NBA LEGENDS

```
L U J S T S F D A N T L E Y I U M G
T D O C L T S E W Y R R E J D F J O
Q B K G E S M N J Y O W E Z X X E G
I G N C M N K O B M O T U M H F I V
N K T F N U N F L J K C O A G R Z V
P B U F Q S N I K L I W Y F V Y M V
L E O Z Z Y G J A Q Z Y G E R O R F
R N U D T P G H K L M E R V N F L C
E N O S R E V I P F R Y Y C O H R I
B I V K D T P H Q V P E R S W S B Q
X Z K O B T S N I D D I B B U B S O
B I R X I I D N T N E H M M J O K S
G R M K R T Z X Q F S J Z E A P C R
S A L A D A X D U W O B L D L H W P
C G P J G X D G J C J D I I O K C N
K R X G N I V R E K U B X C X I G W
G Z R S K K C Y O J U W Q H U C P C
G N K C Q J H A V L I C E K K E R Q
```

ARIZIN

BIRD

CHAMBERLAIN

COUSY

DANTLEY

ERVING

GERVIN

GILMORE

HAVLICEK

IVERSON

JERRYWEST

KIDD

MAGIC

MONCRIEF

MUTOMBO

OLAJUWON

PARISH

PETTIT

WILKINS

NBA/WNBA TEAMS

```
Q P N F B P B U A Z X E E Q E L X A
D U U A C P C T Q F O U S P A R K S
O F G V L P K W F W H Z H C O E Q T
V F G M I A M L D C R Q E S T O R M
P H E Y P W I Z A R D S P C O W O W
B H T G P B V E I U H K I I E X S P
Q K S R E Z A L B L I A R T V G O D
E B R R R L N E Z D Y P S L I L K L
N X T J S Y S T E K C O R E Q W S T
B Y R U C R E M U Y U Y E C A Q O T
H I L S E I L Z Z I R G I R Z P V H
A J R K I V A S N G C T L A X P R L
L A A W M T G Z M K V A A C Z U N H
O L R S L L U B Q N A K V F U F H R
Y X N S K C I R E V A M A N W S Q Z
G U Z T J Y N U J E X A C Z Q N M O
S R O I R R A W L L G Z D K A U C G
M O B O W Y I L Z N O O F D W D V M
```

ACES
BULLS
CAVALIERS
CELTICS
CLIPPERS
GRIZZLIES
LAKERS

LIBERTY
MAVERICKS
MERCURY
NUGGETS
ROCKETS
SKY
SPARKS

STORM
SUNS
TRAILBLAZERS
WARRIORS
WIZARDS

BASKETBALL TERMS

```
W  M  B  L  A  R  P  O  R  J  T  W  K  C  O  O  Q  L
T  N  X  N  H  E  F  F  O  T  U  C  O  W  L  W  Q  O
L  S  J  S  F  N  O  S  R  P  I  D  J  S  V  P  G  O
Z  P  I  O  C  O  U  R  T  P  M  U  O  G  C  A  J  S
F  C  G  S  U  D  M  O  Y  I  A  I  K  J  A  B  E  E
V  P  I  X  S  N  J  R  D  C  K  Q  C  L  C  N  J  B
S  Y  K  N  H  A  R  R  Y  M  E  Y  A  O  Q  J  U  A
W  G  F  G  M  E  A  K  B  E  I  G  V  C  I  C  Z  L
I  V  O  B  H  N  E  A  G  X  T  E  E  K  K  D  L  L
Y  W  W  C  G  O  K  H  K  G  R  T  Z  E  G  K  X  J
K  R  H  E  O  K  B  K  Z  A  A  A  T  R  A  L  S  T
N  B  W  J  I  I  H  R  G  R  I  R  P  R  W  H  M  Y
Y  K  J  W  E  Z  C  E  Y  D  N  T  Y  O  O  B  Z  L
X  T  P  C  H  A  M  P  I  O  N  S  Z  O  N  E  Q  F
M  E  C  Z  E  I  U  N  Y  B  Q  Z  T  M  S  I  M  X
T  J  E  A  E  G  Z  Y  N  E  K  A  F  L  L  A  B  V
B  U  Z  Z  E  R  B  E  A  T  E  R  M  B  L  M  P  S
R  M  C  R  J  Y  U  C  O  J  G  X  L  Z  F  T  M  N
```

ASSIST	COVERAGE	MIDRANGE
BALLFAKE	CUTOFF	ONEANDONE
BUCKET	DIP	SHOOT
BUZZERBEATER	DRAG	STRATEGY
CHAMPIONS	LOCKERROOM	ZONE
CHERRYPICK	LOOSEBALL	
COURT	MAKEITRAIN	

BASKETBALL TERMS

```
D W F O L Q R E T N I O P E E R H T
Z I M T D Y L V Z U I K Z X X V D W
N B Z J B E K A F T O H S V W N O R
V A T H V G A C R I B E U F K N Z W
F C N M E O M I S C F B S C R E X R
H K E D D L A Z S E T S H O T E E M
D D V R O N E T E B K W P W L R B X
M O E N G C D O R H A V O P S C F D
I O S L J B F V F X I F F M T S N Y
A R E T R A U Q M C V M J Z E N F K
O E M P K L A O G D L E I F M W E Y
I X A E N L O S E Z I A B T A O B K
Z T G T O H S P M U J R Y G B D J P
P P U K C A B Q V Y A B G I S B X Y
U Q P O I N T S P K D H W O N F O P
Z T B U C D J G M Z I F O Z V J A I
V H H H D L U G K U O P K K M E B Z
R D A G G E R B W F Y W L O X Q P C
```

BACKDOOR	FIELDGOAL	QUARTER
BACKUP	GAMESEVEN	SETSHOT
BALLHANDLE	JUMPSHOT	SHOTFAKE
CLOSEOUT	LAYIN	THREEPOINT
DAGGER	LOSE	TRIANGLE
DOWNSCREEN	NET	
FAKE	POINTS	

Puzzle #89
NBA PLAYERS

```
S  Q  I  B  E  I  W  X  Q  M  H  Y  A  W  Z  Y  Q  K
P  B  J  L  B  V  C  D  A  N  N  Y  G  R  E  E  N  Y
L  Z  O  L  K  S  A  N  U  I  C  N  A  L  A  V  G  L
S  D  O  A  H  R  O  S  P  Y  T  H  G  T  K  D  R  C
J  I  J  W  C  R  I  S  O  N  P  A  R  K  E  R  O  D
Q  L  E  N  U  M  Z  X  N  J  B  Q  E  N  U  R  L  Q
E  I  S  H  M  Y  L  E  S  T  U  R  N  E  R  A  D  R
J  I  K  O  T  R  O  Q  I  H  Z  I  K  E  E  J  R  T
T  P  N  J  I  S  H  V  V  T  S  Y  H  H  K  O  A  N
D  S  M  N  D  R  Q  B  P  S  C  R  C  Z  O  N  N  Y
A  X  A  E  Q  L  B  I  M  K  E  R  E  W  O  R  O  N
H  D  L  N  U  P  E  I  T  L  U  U  H  X  B  O  E  Y
P  B  X  A  W  V  T  P  Y  E  S  C  R  I  C  N  L  N
G  I  B  K  J  H  V  T  T  O  Y  X  Z  L  R  D  I  W
I  B  A  K  A  U  F  Z  S  C  M  M  H  U  V  O  H  F
A  I  C  R  A  F  B  G  Q  S  V  B  U  Z  B  V  W  T
F  S  N  A  T  R  E  B  I  A  W  N  O  S  K  C  A  J
J  X  M  M  Y  A  C  P  Q  M  Q  F  A  H  S  A  K  H
```

BAGLEY

BERTANS

BIYOMBO

BLEDSOE

BOOKER

CURRY

DANNYGREEN

DENNISSMITH

IBAKA

JACKSON

JOHNWALL

KAWHILEONARD

MARKKANEN

MYLESTURNER

PARKER

RAJONRONDO

SIMMONS

THEIS

TYLERHERRO

VALANCIUNAS

BASKETBALL TERMS

```
K X R M O T E N D L I N E Q N Q M T
F R L R I S L A I C I F F O A D M B
G K Z U E G H M M G F U O U L N L R
S C P C W V N O I S S E S O P O W T
T O N L R M O T R T W H E I E C B R
W L A M N S M N B T M H Y U M E B U
A C E B U R Y A R S P W P X A S T O
H T P E Z Y C M W U Q A O I G E Y C
X O I S W K V O N D T N S C D E F D
I H C T B B A N K S H O T S U R C I
H S K O T E F H E C R N E H Z H Q M
V D A F Z B A C K C O U R T F T K F
G R N F R O P W R Y D R I B B L E U
D U D I G Y W J C V L Z O U S O L
G G P V K P V X R A N X E T A C C N
T U O E M I T S W M H N K V S Q I P
O A P R L K R T R U O C S S O R C Q
V K H F G W A C U S B C Y H Z H T R
```

BACKBOARD

BACKCOURT

BANKSHOT

BESTOFFIVE

BURY

CROSSCOURT

DRIBBLE

ENDLINE

GAMEPLAN

MANTOMAN

MIDCOURT

OFFICIALS

PICKANDPOP

POSTERIZE

SHORTPASS

SHOTCLOCK

THREESECOND

TIMEOUT

TURNOVER

TWOPOSESSION

NBA PLAYERS

```
Y G T S I G N I Z R O P Z A P D Y Z
X L L A B O Z N O L P W P U S K E K
C Z N N A Z O R E D R S N R C I L B
G Y O L D X P M U L L O C C M Q N A
M Z K Q G F R A J K O L A D I P O N
U H K C L A R K S O N J A H N V C I
G Z S B C A R I S L E V E R T A L P
Q R M Y J J F Y K M L L Y L Z T S G
K A I M M T E G H F S I K R E U H U
T C D G I E D F P A A B M K O Y T Y
G A D F L C I V M B R N G I L K E H
U G L Z E R T N O M O R V U U S T F
Y K E E S P D E I I S A I K T N F Z
G N T E E L V N A V T N E S B I C J
O F O G G M R Y J N X R U F H M F U
O B N K C Y A N E T Q S R O V A F U
B L A H S R E K L A W A B M E K K T
S J Q T E Y D M G Y K B P O X U M Y
```

CARISLEVERT

CARMELO

CJMILES

CLARKSON

CONLEY

DEROZAN

FAVORS

GARYHARRIS

KAMINSKY

KEMBAWALKER

KENTAVIOUS

LONZOBALL

MCCOLLUM

MIDDLETON

MILLSAP

MONTREZL

OJELEYE

OLADIPO

PORZINGIS

VANVLEET

BASKETBALL TERMS

```
D  R  I  V  D  C  B  M  F  P  P  H  B  U  T  S  M  D  D
N  I  N  G  L  O  E  B  G  N  N  O  P  R  E  S  S  L
G  B  W  G  M  S  E  N  W  O  B  L  E  L  G  W  V  P
K  L  G  C  H  V  F  B  T  M  C  N  T  Y  J  X  G  M
O  P  C  H  P  P  F  U  D  E  S  A  S  H  A  O  B  R
W  G  S  S  D  U  C  F  M  U  R  K  B  O  X  O  U  T
I  M  Y  A  L  L  E  Y  O  O  P  E  A  L  N  N  X  X
P  M  R  W  R  R  T  D  N  A  U  F  J  C  A  J  H  O
E  N  L  U  F  H  G  N  Q  T  I  P  I  N  T  E  L  H
L  A  C  I  N  H  C  E  T  B  S  V  D  S  Z  M  T  C
R  B  Q  U  D  S  K  T  O  W  L  G  E  E  M  I  D  S
F  N  E  S  I  A  O  L  C  C  U  F  L  O  A  T  E  R
N  W  D  Z  F  N  Y  A  G  N  M  R  G  V  A  F  K  V
V  B  O  P  Y  D  L  O  H  D  P  E  L  P  E  L  V  P
Q  H  M  Y  C  N  E  G  A  E  E  R  F  Z  U  A  B  Y
L  U  X  E  Z  I  W  W  D  D  C  J  C  W  X  H  O  M
P  J  K  L  Q  T  E  K  Q  N  J  A  N  I  G  Y  M  P
I  J  D  F  V  N  E  S  U  A  B  C  M  H  Y  B  E  Y
```

ALLEYOOP
BOXOUT
CENTER
CURLCUT
DIME
ELBOW
FLOATER

FREEAGENCY
GOALTEND
HALFTIME
HOLD
JABSTEP
LOB
PRESS

PUMPFAKE
RUNANDGUN
SLUMP
STEAL
TECHNICAL
TIPIN

NBA COACHES

```
V O U A G I Y A O J X Q Y E M G M B
B A P O N T Y A R T S L E O P S D U
Y Z H D D C Z V G S N O S K C A J D
E Q I U Z A Y E L I R T A P J O R E
F G L R D M N A L L I M C M E T A N
G Y J Y S T L T P U Z V E L D G E H
I X A L R T L V O A D G N Y E E W O
E G C Y W E E C S N V V A U W L K L
G S K E A N G V O I I H W A A S G Z
A J S P R M O D E C W E D D P I L E
E H O J T R V P L K S G A P O L B R
J J N T B F G V N N E P Y Y P R E Q
D W G M P P Z R Q U A R L G O A Z I
K I Y C S N Y D E R L P R O V C T A
Q R A V Q H W A R S D O K M I F D T
P V I Y C S T E V E N S Q B C Y S Y
N C W V N O M J F D U Z M W H L V I
T Y A E N O L A M E K I M C Z A V P
```

BROOKS
BUDENHOLZER
CARLISLE
DANTONI
DWANECASEY
GENTRY
JACKSON

KUNDLA
MIKEMALONE
NATEMCMILLAN
NICKNURSE
PATRILEY
PHILJACKSON
POPOVICH

SPOELSTRA
STEVEKERR
STEVENS
SNYDER
VOGEL

BASKETBALL TERMS

```
P  M  K  A  Y  E  K  Q  X  E  M  B  T  S  R  S  M  G
G  E  R  O  P  F  Y  M  A  B  C  M  L  P  E  S  U  E
U  Z  E  F  M  H  D  Y  V  C  R  O  P  G  V  Q  E  D
V  I  V  J  P  O  E  G  A  M  M  I  R  C  S  P  Y  K
R  F  E  O  A  H  N  L  X  A  M  S  C  N  V  M  E  J
I  H  R  T  M  E  O  O  B  N  L  D  P  K  E  T  H  T
P  T  S  H  X  Q  D  E  D  U  F  P  D  W  T  R  C  U
D  R  A  U  G  T  N  I  O  P  O  D  F  F  G  A  Y  I
J  N  L  T  U  A  A  R  G  M  W  D  V  B  V  V  E  A
B  M  E  G  L  C  X  G  S  E  P  N  D  V  P  E  F  Q
W  A  M  E  O  E  Y  H  Z  T  N  A  R  G  A  L  F  I
P  C  T  V  R  N  C  I  K  S  B  E  N  O  O  I  A  P
C  K  N  Z  X  C  Z  M  Q  Y  U  E  N  P  S  U  D  Y
Q  U  I  R  C  O  S  F  S  S  E  R  M  J  I  M  H  K
D  K  F  C  G  G  P  K  G  R  Y  H  C  A  E  B  H  M
R  U  P  Z  R  O  L  O  C  C  U  T  T  E  R  C  K  L
U  V  X  Q  A  A  S  S  Y  A  L  E  D  E  M  I  T  M
V  C  L  O  V  E  R  A  N  D  B  A  C  K  S  G  O  N
```

ANDONE	FLOP	SCRIMMAGE
BACKSCREEN	ISO	SYSTEM
BRICK	LANE	THREEANDD
CORNER	OVERANDBACK	TIMEDELAY
CUTTER	POINTGUARD	TRAVEL
DOUBLE	REVERSAL	TROPHY
FLAGRANT	SCREEN	

NBA PLAYERS

```
C Q U F I A T X V C S C S W A N Q H
M B G E R E T R A C E C N I V V F F
A F O X D C K H S K X Y B G V C T J
A M H G E E I H O P T R L G S A Y R
Z C S M D V S V U D O K M I P C D L
W C Y T B A N W E G N R Z N I Q S N
D A I C W G N U D C N R T S Y C I N
Y B N I L Y S O U W U E R E A D N Z
J X O U K A N K V D W H C R J N V
J F E B R L R Q M I N R F I R J E V
K S L G D K S C Z X C O Y A U F R Y
E V S B A Z I T D T D K M A M O E Z
J A V A L E M C G E E E N Y L L L K
I R E T N A K S E N E L A D A W Y H
O M L U B H L S F F H Y K Z M R T J
B D W M E J I R Q T C K P R A J D S
T S H U Y A R L S M D O H H J U N V
I E R X J O F Y S F Q V K W J X S Z
```

BATUM

BOGDANOVIC

BROGDON

DAVIS

DLO

DRAYMOND

ENESKANTER

JAVALEMCGEE

JAMALMURRAY

KLAY

KYLEKORVER

LIN

NOEL

NURKIC

PORTERJR

SEXTON

TYLERENNIS

VINCECARTER

VUCEVIC

WIGGINS

NBA PLAYERS

R B W D A H R D P H I D F K V N Z M
S B G H W M W G P Q X X T M D T B D
D C A C N E E U G A E T F F E J Q H
D N Q N O D R O G Y R C U Z A A C X
J K Y A I V J E K M A R C G A S O L
H C T L N S I B F S O V J K R D H R
K I I D G Z Y N Y N K Y Y E O J V X
P D M R R V B Y G X Q N O J N D U Y
S E S I A T O M P T Y C L Y F V P M
O R V D M S N I L L O C N H O J I D
O J A G J D U K O Z Z N F V X R P J
E J F E R H N G H S N I S U O C V X
H A A N S M A D A N E V E T S T S G
F B V W M T K Y A I A R I S J W N E
K D O D I D J P W G I C U P B N O O
I J W U T X I D D A M K P A D O O Y
Y J D P H W Y Q O T R A H H S O J X
Q U M A L H O R F O R D B D J M T M

ALDRIDGE	HAYWARD	MARCGASOL
ALHORFORD	INGRAM	MIROTIC
ANUNOBY	JEFFTEAGUE	OLYNYK
COUSINS	JJREDICK	SARIC
COVINGTON	JOHNCOLLINS	STEVENADAMS
DEAARONFOX	JOSHHART	
GORDON	JRSMITH	

NBA LEGENDS

```
I  H  B  G  M  R  J  G  T  G  N  X  A  L  U  K  L  L
C  D  A  F  Z  J  K  I  I  A  I  E  P  W  R  R  Q  K
G  M  X  E  S  V  C  A  D  N  E  G  R  I  O  S  Y  M
B  R  G  H  C  T  R  R  M  Z  O  W  D  L  D  A  G  H
M  Q  A  G  H  Y  O  Y  S  B  X  B  V  R  M  C  D  D
V  Q  Q  N  A  J  N  C  P  P  J  B  I  Z  A  U  U  N
A  W  S  E  Y  A  H  J  K  R  C  N  S  L  N  L  D  W
V  E  E  Z  E  L  A  G  Y  T  X  T  I  C  I  Y  D  H
C  J  W  G  S  L  J  F  A  S  O  Y  A  D  W  R  J  M
K  G  R  N  Y  E  P  J  O  N  H  N  H  Q  O  R  U  Y
W  Y  I  R  R  S  N  G  Y  R  S  A  T  T  F  E  T  X
L  R  C  T  N  S  D  P  M  R  K  K  H  J  R  J  G  M
J  T  K  X  M  U  A  I  B  R  O  I  O  I  W  O  R  N
O  X  B  K  K  R  L  N  J  E  W  M  M  E  Q  G  W  R
J  B  A  H  K  L  W  V  L  P  G  F  A  N  L  N  E  U
E  M  R  E  E  L  P  D  K  D  L  E  S  N  U  S  E  W
J  B  R  R  J  U  W  U  J  D  Q  I  G  M  C  W  C  C
N  K  Y  T  E  B  O  K  V  S  X  G  L  H  B  L  X  F
```

RUSSELL	JORDAN	SHAQ
DIRK	KOBE	STOCKTON
DUNCAN	MIKAN	TONYPARKER
GINOBILI	MILLER	WESUNSELD
HAYES	RICKBARRY	WORTHY
JERRYLUCAS	RODMAN	
ISIAHTHOMAS	SCHAYES	

NBA PLAYERS

```
Y  E  Z  B  W  U  T  S  C  H  T  I  P  L  D  T  J  U
U  Q  Y  N  I  A  J  B  K  Z  L  V  A  K  R  O  P  H
S  E  L  G  N  I  E  O  J  U  S  J  M  Z  R  A  T  V
K  R  K  U  S  P  T  R  E  B  O  G  Y  D  U  R  I  Z
S  L  D  H  L  V  K  E  X  L  J  W  A  U  A  P  Z  S
H  L  R  L  O  D  O  O  H  Y  E  N  D  O  R  N  W  C
R  T  T  B  W  U  N  D  N  O  M  M  U  R  D  E  V  P
H  U  R  M  D  P  H  Y  J  U  W  P  B  V  N  A  P  F
A  C  H  R  I  S  P  A  U  L  D  W  S  I  N  J  Z  C
D  U  D  P  U  J  N  G  U  Q  R  B  V  T  I  P  Z  J
D  V  D  A  B  W  O  Y  Y  A  B  A  C  N  F  D  T  X
Y  V  M  Q  E  R  X  D  J  N  L  U  Y  W  F  R  A  G
Y  U  H  Z  G  R  T  U  A  A  O  J  X  F  I  O  O  A
V  C  N  S  N  O  D  R  O  G  C  I  R  E  R  Z  Z  V
U  W  R  W  P  C  L  H  A  L  A  D  O  U  G  I  L  U
I  N  E  D  R  A  H  S  E  M  A  J  I  C  R  E  F  W
T  Y  R  E  K  E  E  V  A  N  S  B  E  A  L  R  H  A
F  U  C  D  E  L  O  N  W  R  I  G  H  T  G  C  X  X
```

ARIZA	IGUODALA	ROZIER
BEAL	JAMESHARDEN	RUDYGAY
CHRISPAUL	JOEINGLES	RUDYGOBERT
DELONWRIGHT	JOELEMBIID	SMART
DRUMMOND	JORDAN	TYREKEEVANS
ERICGORDON	LAVINE	WINSLOW
GRIFFIN	RODNEYHOOD	

BASKETBALL TERMS

```
E  P  H  I  F  N  I  L  P  Y  H  B  N  Y  I  M  F  Y
K  Y  T  R  U  O  C  F  L  A  H  S  E  L  Q  S  M  D
L  Y  T  O  H  S  L  U  O  F  D  Y  Y  Z  T  I  A  I
K  E  L  N  B  S  X  I  W  Q  E  J  A  P  C  D  D  V
S  W  D  L  M  U  S  B  H  S  P  Y  M  T  W  E  E  A
D  N  U  O  R  A  P  A  R  W  Z  E  A  S  N  L  S  E
Q  E  U  Y  O  F  O  E  P  F  T  M  N  O  O  I  H  P
Q  X  T  W  B  F  J  K  G  T  I  E  I  P  I  N  O  I
B  A  X  P  I  O  F  S  A  S  S  R  U  W  T  E  T  P
X  A  A  M  B  P  R  B  M  K  K  E  O  O  O  S  P  S
E  L  N  W  R  I  R  A  A  W  U  B  H  L  M  V  R  P
F  C  Y  G  J  T  T  U  O  L  U  O  F  C  B  E  A  U
C  G  P  V  D  C  K  R  L  V  L  U  E  T  H  C  C  D
V  F  F  I  H  S  Q  W  J  M  R  N  M  C  G  B  T  A
D  Q  V  T  Q  K  H  O  D  U  S  D  A  A  B  W  I  L
V  N  C  S  A  D  J  U  S  T  M  E  N  T  R  T  C  A
X  Q  O  T  E  K  Q  P  D  O  L  R  B  J  O  V  E  A
K  C  S  W  H  B  K  P  S  B  O  A  Y  Q  D  J  O  K
```

ADJUSTMENT	JERSEY	POINT
ATTEMPTS	LOWPOST	PRACTICE
BLEACHERS	LUXURYTAX	REBOUNDER
CHESTPASS	MADESHOT	SIDELINES
FOULOUT	MISMATCH	TIPOFF
FOULSHOT	MOTION	WRAPAROUND
HALFCOURT	OFFBALL	

BASKETBALL TERMS

```
J A X W K D E S C F O U L L I N E B
D B R M Q N L B F Y A X S S E K E D
J O E X V A K A E R T S T O H G S H
I M P H M H D E F L E C T I O N E L
K H M D H T C I R J O W V B B P T W
T C U R A O G D O N T V X D R M P F
A N J N A H V T T A B U B B L E L D
K E C Q T D H E C W U P S F O N A K
W B B I C R S C H C I Q N C O F Y K
I B N L J T F U A V E R T I C A L G
J G U C E V P W R O S Z S Z S X W L
K I F D K B B K G O C S X F J I R U
U A E T R A J N E V E S F O T S E B
I L L O G E K R D S P T Q R U Z A V
A I D J S M O T S N Y C X Y U S Z F
V C B X T W U O W A W P P P K R Z Z
U E E K N Q P Q W W S A T E S P U I
C M T I Q O V P T L C U T C B E O H
```

BASKET	DEFLECTION	LCUT
BENCHMOB	FASTBREAK	POSSESSION
BESTOFSEVEN	FIGHTING	SETPLAY
BUBBLE	FOULLINE	SLAMDUNK
CHARGE	HOTHAND	UPSET
COACH	HOTSTREAK	VERTICAL
CONTESTED	JUMPER	

SOCCER TERMS

```
Z  B  M  B  B  A  G  B  F  F  C  S  E  C  H  K  S  N
E  F  E  G  A  P  A  X  P  D  J  A  I  P  B  W  H  Z
J  U  Y  B  L  L  M  X  C  R  O  S  S  B  A  R  K  I
H  D  Y  J  L  A  U  D  F  H  G  Z  I  F  P  N  T  R
Q  I  B  P  G  D  A  I  W  W  Y  N  V  M  L  E  X  F
S  Y  U  I  D  F  M  H  F  X  C  F  I  W  U  L  X  B
A  M  L  J  L  J  O  S  I  S  L  V  D  V  A  P  O  L
P  I  C  F  R  N  T  F  W  X  M  R  E  J  I  W  A  C
F  O  U  O  E  R  D  G  G  W  A  R  R  A  Z  D  V  X
C  Z  U  J  O  X  A  A  N  U  H  F  E  G  W  T  T  O
L  S  R  H  Y  O  K  R  G  E  J  I  E  I  A  O  E  I
O  J  S  U  T  P  Q  N  K  I  O  N  K  L  M  M  A  M
W  O  E  V  F  M  I  U  F  D  L  K  O  S  H  E  I  O
D  T  V  R  T  H  Q  Q  I  I  V  A  E  E  S  K  R  D
D  C  O  E  S  R  E  N  I  A  R  T  L  D  W  F  H  P
L  N  L  C  L  E  A  T  S  X  V  P  N  N  D  R  F  J
B  Y  G  Z  M  L  Y  I  A  N  R  V  W  U  T  E  R  R
R  V  K  C  I  S  B  K  G  E  H  W  U  B  R  I  D  F
```

BAG	DIVING	LIGAMX
BALL	EFL	PREMIER
BALLPUMP	EREDIVISIE	SHINGUARD
BUNDESLIGA	GLOVES	SHORTS
CLEATS	JERSEY	TRAINERS
CLUB	KIT	
CROSSBAR	LALIGA	

PREMIER LEAGUE/EFL

```
S R F W S W G B R J M I Y J N U Y I
B M S M W V Q D W K U K Z B W O D C
E L G D K U I F M A H L U F Z I X R
F O E M L G Y R K P T U G V K N B T
G O O L L Q B R E N T F O R D O O B
S P H Q T U R G I O V Y O N O T U L
G R E N M N E X Y X F I Y R T S R A
S E J L Z J D N O T R E V E D E N C
V V J W W V D E T I N U N A M R E K
B I R M I N G H A M J H X D O P M B
G L A H Y E L S N R A B X I L X O U
D X L T E O L H T M H H M N H R U R
F C R A T X E U K L Y R R G Y D T N
W H Y S F M E L T S A C W E N Q H A
M I I E A G Q G O C B R I G H T O N
C R B J P E D U X G D C D A M T E G
B M P H D W O L V E R H A M P T O N
I O U W H E X X Q T G Y G I J X H R
```

BARNSLEY   DERBY   READING
BIRMINGHAM   EVERTON   ROTHERHAM
BLACKBURN   FULHAM   TOTTENHAM
BOURNEMOUTH   LIVERPOOL   PRESTON
BRENTFORD   LUTON   WATFORD
BRIGHTON   MANUNITED   WOLVERHAMPTON
BRISTOL   NEWCASTLE

GREATEST ENGLISH PLAYERS

```
P I Z F I D N U W H A V H O N S Y F
Y M B J L A Q N F L B A X C E A H N
Z Q C V O F R E K E N I L O B S I Y
C X X F W O N W D V U F W Y P C R Y
M U Z F E M O O R E W U Z B O B R W
K K H M L A M P A R D I S S P R R D
O E U B O T O Q R F M I C S E N T W
S U B N C T M E R C W I D T A A D D
N I W S C H O L E S D S E N R A B F
X Z D H A E Y Q G F O N S L C J I R
N O R G F W F N A G R E A V E S R V
Q A K M R S R E L Y N O T L I H S M
P U S L U O D I W G P O P D W E U R
M Q Y Q O Q Y A G J Y L S L J A X F
T W I N H M W M A H K C E B T R X U
D X E D I C H A R L T O N Z O E Y L
O Y Y V J Y W T N V A M G V H R A K
F Q N S G W K Y Y P V V S N P A L M
```

BARNES

BECKHAM

CHARLTON

COLE

GERRARD

GREAVES

LAMPARD

LINEKER

MATTHEWS

MOORE

OWEN

PEARCE

ROBSON

ROONEY

SCHOLES

SHEARER

SHILTON

TERRY

WRIGHT

BEST AMERICAN SOCCER PLAYERS

```
Y D W H H P T W D R T M L V U E O E
G W U Q U P Q W F X Y E R Q E A R J
T X G F W S E R R E A R R L Z A U U
P Z E K A I J E L R E G E W G Q K J
W S L B O L T S M A G D I L Z J D Q
Z C P Z X F A C K B E Q A Q L S Q B
D E M P S E Y K R I P U N Y I E W M
F Q L W B F F O R T N H E R A N K U
G K J Y G Q R F B N D L U E P O P T
H K L N O U D A R K O I Q Y P J S F
W H D A T M L D A O G D O N O V A N
T R R L I B X U D I P F J A R G R E
A Y G D O J C E L V F X L C A D D X
O D R A W O H A E D I R B C M U Y Z
G Q T N L X C W Y M K K P V O J K W
T M P U Z O N F Z X H G I P S O F Z
F V H K Z B E K M A K W R T F J N A
F J R I T V K M T H S M H P G X F L
```

BALBOA	FRIEDEL	RAMOS
BEASLEY	HOWARD	REYNA
BRADLEY	JONES	WEGERLE
CALIGIURI	KELLER	WYNALDA
DEMPSEY	MCBRIDE	
DONOVAN	MEOLA	
DOOLEY	POPE	

SOCCER TERMS

```
M  W  G  T  O  U  C  H  L  I  N  E  Z  L  T  M  B  O
T  A  X  H  K  J  J  S  U  K  Y  V  Q  A  G  G  C  Z
H  K  R  A  C  F  Q  U  A  K  W  H  C  E  Q  J  B  M
P  B  P  P  I  R  T  P  C  S  I  K  P  G  I  U  M  B
Y  W  V  M  K  A  Z  A  F  T  L  T  O  R  J  W  Y  P
T  M  V  U  X  T  Q  Q  R  E  D  Z  H  A  I  U  W  G
N  N  Q  J  V  U  F  V  J  T  C  D  F  H  Q  A  E  O
X  V  R  P  Q  A  M  W  P  W  A  R  O  C  P  D  W  R
J  Y  O  S  E  D  Z  Z  F  F  R  L  X  P  Q  D  G  E
Z  J  D  R  A  C  D  E  R  Q  D  E  A  D  B  A  L  L
G  T  L  B  E  G  N  I  L  D  N  A  H  U  E  Q  I  E
T  D  K  J  K  Y  Q  Z  F  A  C  G  Z  Z  V  P  G  G
N  L  W  F  I  J  R  X  C  M  Y  U  N  G  W  G  U  A
G  K  V  D  R  A  C  W  O  L  L  E  Y  S  U  P  E  T
U  Y  Y  B  T  T  P  G  O  S  Y  K  O  D  G  E  O  I
T  C  U  X  S  G  S  D  G  N  U  P  E  N  R  K  N  O
O  J  J  F  J  A  R  O  K  D  P  C  C  Z  S  J  E  N
K  Z  R  N  D  P  Y  L  B  M  N  K  E  L  O  B  P  E
```

CHARGE	LIGUEONE	TOUCHLINE
DEADBALL	MLS	TRIP
HANDLING	PUSH	VUVUZELA
HOLD	REDCARD	WILDCARD
JUMP	RELEGATION	YELLOWCARD
KICK	STRIKE	
LEAGUE	TACKLE	

GREATEST GERMAN PLAYERS

```
J  L  T  R  W  H  U  B  Y  U  J  H  O  H  R  Z  O  N
R  Z  G  E  Q  Z  R  L  Y  Y  G  R  I  A  K  Q  X  E
J  H  H  K  R  E  G  G  I  N  E  M  M  U  R  U  G  U
P  A  O  P  I  G  N  Y  G  L  K  W  N  J  Z  Q  F  E
J  C  T  T  T  J  N  Z  L  R  E  I  A  M  V  S  P  R
Y  T  N  O  D  M  A  U  O  Y  H  Z  H  I  U  K  K  G
Q  E  A  S  N  R  M  O  B  T  Z  B  T  K  N  G  N  O
R  E  M  M  A  S  S  U  E  R  A  R  Z  O  Z  B  U  A
C  M  I  P  N  C  N  R  W  U  Z  W  D  S  R  M  D  R
V  Z  R  V  S  Y  I  K  S  L  O  D  O  P  S  T  L  G
Q  V  W  K  E  K  L  O  S  E  L  I  Z  O  V  A  Q  A
I  L  F  B  E  C  K  E  N  B  A  U  E  R  X  K  W  P
O  J  J  V  J  A  E  V  W  E  H  C  D  F  J  N  P  V
C  V  A  B  Y  L  P  H  U  M  M  E  L  S  S  I  S  A
K  L  R  E  L  L  O  V  U  F  Q  B  H  Y  D  K  J  J
M  A  T  T  H  A  U  S  P  W  L  A  Z  G  B  S  U  G
M  S  H  P  C  B  B  K  V  R  Y  Q  B  D  I  T  A  R
N  A  W  N  G  G  D  G  M  N  Z  O  A  Y  J  R  P  X
```

BALLACK	KROOS	PODOLSKI
BECKENBAUER	LAHM	REUS
BREITNER	MAIER	RUMMENIGGE
HUMMELS	MATTHAUS	SAMMER
KAHN	MULLER	VOLLER
KLINSMANN	NEUER	
KLOSE	OZIL	

SOCCER STARS

```
A F N E L Y I E U Q I P D R A R E G
I R N J X M O J W Z Y Y O E P I Z D
E A A E C H Y I R D S O K H K S Y F
O Y M A S C H E R A N O U O Y B K R
B T Z T L G N A Y E M A B U A H E E
Z Y E D A F V N Y A B I D L A A M B
B D I Z D E Z Q Z Y S Q A V C V E D
I A R E I P A R O S N O L A X I S D
G K G M V N B V E C T I L I B T U O
F T A J O Q A M C C S N I X S G T K
Y J K F R B L B V O D E V J A R O Y
Y P F V U C A S G U A U D Q G A Z P
G U R X T K D A T R W S I F B U I D
B M F T R M I H B T K H V Q T T L Q
U Q Q A H V H Y O B T A H L J S T
D M A R T I A L Q I C H D M E Z X U
L K B P L Y D J J S P H M A C U C Y
L A I R A M I D L E G N A G Z B V A
```

ALONSO	DAVIDVILLA	MESSI
ANGELDIMARIA	DYBALA	MESUTOZIL
ARTUROVIDAL	GERARDPIQUE	POGBA
AUBAMEYANG	GRIEZMANN	ROONEY
BUFFON	JAMIEVARDY	THIAGOSILVA
COURTOIS	MARTIAL	
DAVIDALABA	MASCHERANO	

SOCCER STARS

```
T  L  D  S  P  N  A  O  D  B  R  H  O  O  L  H  S  L
Z  I  Y  V  L  U  Q  Q  T  S  A  S  Q  D  L  E  A  I
C  C  U  I  N  G  A  W  R  R  I  T  W  R  L  K  N  R
N  I  A  U  G  I  H  G  R  Z  Q  F  V  A  Y  A  E  O
D  T  M  Z  G  B  A  Y  V  W  Z  V  B  Z  V  M  Z  X
U  I  J  C  A  R  K  T  O  H  I  H  B  A  S  H  K  K
U  K  Q  P  B  A  L  U  S  S  T  O  C  H  E  Q  A  N
W  A  T  C  N  H  I  Q  V  E  C  S  B  N  R  R  K  B
B  R  F  E  R  I  B  E  R  Y  I  A  J  E  G  V  B  A
P  N  F  S  I  M  E  A  O  O  R  N  R  D  I  D  I  V
K  A  E  K  C  O  G  E  K  E  D  C  I  E  O  M  L  B
B  V  T  H  T  V  N  N  P  J  O  H  L  G  R  J  W  I
J  I  P  S  G  I  E  Y  T  P  M  E  A  K  A  E  I  Y
R  I  H  E  O  C  T  U  Y  A  A  Z  V  L  M  W  H  I
R  X  S  Y  T  C  A  R  Z  T  K  B  V  V  O  G  C  V
R  F  U  T  O  Q  O  B  E  Z  U  X  M  B  S  F  U  D
T  W  I  T  O  Z  B  E  O  D  L  A  N  O  R  J  B  O
R  M  W  I  Z  A  R  D  I  N  R  P  M  P  Z  D  G  G
```

BOATENG	HIGUAIN	RIBERY
CAVANI	IBRAHIMOVIC	RONALDO
COSTA	INIESTA	SANCHEZ
DEBRUYNE	IVANRAKITIC	SANE
EDENHAZARD	LUKAMODRIC	SERGIORAMOS
GARETHBALE	MBAPPE	
HARRYKANE	OSCAR	

MLS TEAMS

```
E  S  Z  I  L  W  J  G  S  S  R  E  D  N  U  O  S  P
K  K  L  T  S  Q  D  P  L  E  L  Y  D  A  L  C  X  W
G  W  A  F  I  J  O  H  H  K  N  L  C  E  X  M  U  I
B  V  E  L  N  R  G  U  R  A  Y  U  U  Z  X  L  Y  A
B  Z  V  K  T  R  D  L  M  U  C  U  N  B  N  H  N  X
H  W  T  I  E  L  T  O  Z  Q  F  D  I  I  D  O  E  J
C  Q  N  C  R  I  A  S  W  H  C  F  T  L  O  E  X  Q
I  G  L  F  M  L  X  S  F  T  V  G  E  O  W  N  R  Q
B  L  R  B  I  H  A  O  L  R  Y  X  D  C  K  A  S  W
V  J  E  G  A  C  H  I  C  A  G  O  F  I  R  E  H  P
X  R  K  X  M  C  I  O  R  E  E  A  F  F  V  I  M  B
S  C  B  Z  I  C  M  A  E  N  T  R  L  G  T  Y  C  Y
K  Y  J  B  E  X  P  O  W  N  S  N  P  E  P  Q  W  F
H  H  X  K  J  L  A  I  A  L  D  V  C  Q  F  F  Y  M
Z  V  J  A  N  H  C  L  O  K  I  A  D  R  M  B  V  Y
R  E  V  O  L  U  T  I  O  N  P  Q  R  S  F  W  L  G
W  S  F  C  D  A  L  L  A  S  A  U  P  E  Z  Y  M  H
H  F  D  D  R  Y  G  T  D  C  R  H  B  L  B  Q  U  I
```

ATLANTAFC	IMPACT	SPORTING
CHICAGOFIRE	INTERMIAMI	TFC
CREW	NYCFC	TIMBERS
DCUNITED	RAPIDS	UNION
DYNAMO	REALSALTLAKE	WHITECAPS
EARTHQUAKES	REDBULLS	
FCDALLAS	REVOLUTION	
GALAXY	SOUNDERS	

SOCCER STARS

```
Q C V A S A L Z B Z K N H F G J K D
I P Y F Y A Y A T O U R E M Y O X I
Y V T S T V Z B E N Z E M A N K K E
C W G U Z N Y L L A B U W R R S I G
C O H D E A Y A F I J J F C W E G O
R H O Y U C X I H L I S C O T V G C
F N A W Q D F D J L Z P D R W L K O
I I D W I L C R W I O N V E N A P S
R T V Q R P E O E W A V F U S L V T
K U T A D D I J N W Q Q L S Z E B A
U O B A O J K I E Y F I U O R I J G
J C S I R O L L O G U H S C L N P L
S Y J D M R H T Z I U L D I V A D L
K A O P Y M E R I K S E N G C D W M
U P A L H H A V L I S D I V A D Q Y
W N E U E R B Q B M E Q L G B B F S
Y A L R Q U P W O F U W C K G J X Y
M K Z I U U B I N F G H U O H W K A
```

BENZEMA	HUGOLLORIS	NEUER
COUTINHO	HULK	RODRIQUEZ
DANIELALVES	ISCO	VERRATTI
DAVIDLUIZ	JORDIALBA	WILLIAN
DAVIDSILVA	KOMPANY	YAYATOURE
DIEGOCOSTA	LEWANDOWSKI	
ERIKSEN	MARCOREUS	

GREATEST BRAZILIAN PLAYERS

```
W  A  Y  W  S  O  H  K  H  W  N  E  Y  M  A  R  K  K
X  O  U  S  V  S  H  H  Y  H  R  F  G  O  E  O  K  K
Y  Y  Y  C  X  R  O  N  A  L  D  O  H  P  L  N  T  E
T  O  K  W  P  I  B  S  I  V  A  K  M  M  Q  A  U  G
J  V  Z  R  I  E  O  C  I  Z  Q  L  T  A  L  L  I  J
M  J  T  O  N  I  L  E  V  I  R  M  C  H  R  D  D  B
N  B  D  D  X  C  Z  E  E  N  S  I  E  Z  X  I  H  D
R  T  B  L  I  X  C  C  S  A  D  C  A  M  V  N  O  R
Y  I  Y  A  K  A  K  C  I  O  A  G  E  J  F  H  Y  W
S  D  D  V  S  T  P  L  K  H  B  J  S  A  L  O  T  J
B  Z  V  I  O  O  B  A  C  V  P  C  E  N  O  K  F  W
O  T  X  R  T  M  O  N  D  L  U  F  A  C  F  Y  Z  Z
K  R  R  E  R  K  I  M  Z  Y  X  E  T  R  H  P  L  C
E  E  B  C  G  R  O  D  Q  P  I  J  O  V  L  I  M  F
S  E  T  A  R  C  O  S  I  M  T  O  S  T  A  O  I  I
B  E  C  A  A  V  R  J  E  D  F  R  O  P  M  B  S  D
H  D  G  L  K  J  A  E  R  I  J  R  A  C  V  C  A  U
M  P  W  O  F  P  P  L  V  Y  B  W  C  Z  W  H  K  O
```

BEBETO	NEYMAR	SOCRATES
CAFU	PELE	TORRES
CARLOS	RIVALDO	TOSTAO
DIDI	RIVELINO	ZICO
GARRINCHA	ROMARIO	
JAIRZINHO	RONALDINHO	
KAKA	RONALDO	

SOCCER TERMS

```
V Q J M Y M R P Z E U R Y U R X S L
O S T R I K E R M Z B U J U B B D W
N W N P F D C T U V J R K P M W L W
Z E Z J X V F A S H I I K Z V P E A
H E O X L O S I B U L C R E D E E F
L P Q F M E S A E G W O B A R Y H Z
R E G A N A M S D L N F V K K O K E
F R K P F E F F A Y D I E U B C C N
E Y D K I U X G S P U E W F V T A S
H I L A R K F O W D K T R U F D B C
G M A G G W C A M Y M C U L B R Z U
N Q N M L P W L Y W T F A L H E G U
P F Z U Y U B K E W T Q L B C I Y S
G I V Q Z R R E K C A T T A A R P S
G Q G K C A B E R T N E C C O R L T
O G H P G B A P B N H P U K C A B Z
P L A Y M A K E R S V G Y P O C Q W
X A M W P P B R D F W I N G E R O E
```

ATTACKER	FEEDERCLUB	SCORE
BACKHEEL	FULLBACK	STRIKER
BACKPASS	GOAL	SWEEPER
BACKUP	GOALKEEPER	WINGBACK
CARRIER	MANAGER	WINGER
CENTREBACK	MIDFIELDER	
COACH	PLAYMAKER	

PREMIER LEAGUE/EFL

```
D L E I F S R E D D U H K F V K Z I
T L L Z N G S L V H P C W T S Q Y W
B A C B G N B E C H E L S E A P Y W
T W S N O T T I N G H A M M N E M M
V L S F T J W C C T Z L V A L X F M
L L E K U M H E A L L I V N O T S A
B I D K O A K S K J C T R C E L H E
P M F R O H U T N S G U I I T K R Z
J O B E X T Q E O H B D A T B P F B
M R J C C S S R T L A T S Y R C D M
P L Q U E E N S P A R K P Y U L P J
G B E Y D W S D M N Y R T N E V O C
Z D H S O F N E A E O S V I Q D J R
Y N S D I E G E H S G R F U F K L U
O N K F Z B X L T R W F W F Y F Y V
W O U U V M O D U A E F F I D R A C
Q W N X V U X L O H F Y W H C U R A
I P Q B L U T P S W A N S E A H N E
```

ARSENAL

ASTONVILLA

BROMWICH

BURNLEY

CARDIFF

CHELSEA

COVENTRY

CRYSTAL

HUDDERSFIELD

LEEDS

LEICESTER

MANCITY

MILLWALL

NORWICH

NOTTINGHAM

QUEENSPARK

SHEFFIELD

STOKE

SWANSEA

SOUTHAMPTON

WESTHAM

SOCCER TERMS

```
W  R  M  D  M  J  P  P  Q  P  W  I  U  J  P  Y  N  Z
Y  E  Z  L  J  O  E  R  N  B  F  T  E  F  W  R  X  I
L  R  T  I  V  K  B  D  U  A  Y  N  T  N  O  T  F  K
O  Q  S  O  B  M  R  L  R  I  X  Y  A  V  H  W  J  U
Y  Y  Z  I  S  W  Q  P  Y  R  P  X  M  B  C  D  A  X
V  Z  K  L  Q  E  O  A  M  P  H  D  M  D  E  V  W  T
G  K  K  W  P  S  T  T  M  C  G  P  A  F  N  T  P  Q
U  W  S  S  T  H  Z  H  U  O  A  Y  E  E  T  K  R  N
M  X  O  J  R  O  S  O  D  R  T  N  T  C  E  Q  V  C
C  O  L  L  L  T  T  G  V  N  D  A  D  U  R  K  D  G
J  Q  P  A  X  T  M  P  D  E  E  B  R  L  S  O  C  T
Y  M  I  F  S  S  O  L  R  R  C  A  O  W  P  C  S  T
N  R  I  R  T  T  H  G  T  K  F  L  Y  A  O  P  G  S
J  G  I  F  A  O  U  Y  U  I  T  L  F  D  T  N  Q  L
R  F  O  L  T  S  N  F  T  C  N  B  U  B  G  O  B  M
W  U  Y  H  S  Q  G  W  Y  K  F  E  L  B  B  I  R  D
L  L  A  B  T  O  O  F  Q  V  W  N  I  W  J  S  Y  K
L  J  I  S  P  C  C  A  W  O  G  D  N  A  E  V  I  G
```

BALLBEND	FARPOST	PATH
CENTERSPOT	FIRSTTOUCH	SHOT
CORNERKICK	FOOTBALL	STATS
CROSS	FOUL	TEAMMATE
DEFENDER	FUTSAL	WIN
DRIBBLE	GIVEANDGO	
DUMMYRUN	LOSS	

SOCCER STARS

```
P M F A K X O U F B H F R S A R B B
H Q S J H P D W L A H D L C J R V S
E Z C Q N B Q D A V I D D E G E A Y
T E R S T E G E N E M W C M N B S V
X R E L L U M M G Q F I R M I N O J
A A G K F F P O W N M D O N L M O S
T U Z Y N V G A W O K I N E R G R T
A S U X L O N R V S Q U C Y E V K E
V S T I D H A L A S L T K M T L I U
M I Z I K E Y L O R N A V A S N N Q
U U N S A P L B L S W M E R K Z O S
F L V B L I N I L L E I H C X U T U
F V T G S E R G I O A G U E R O L B
Q I U A C F M S V M R Y G P C K N W
B Q C M R Y I M E O I S P V B X Q X
P E U D F K O J U A N M A T A I T P
U U Q O W V H E V H O J C H I D F T
N C A L T I I A X P K R R C E Y J O
```

BUSQUETS
CASILLAS
CHIELLINI
DAVIDDEGEA
DIEGOGODIN
FIRMINO
HUMMELS

JUANMATA
KEYLORNAVAS
LUISSUAREZ
LUKAKU
MATUIDI
MULLER
NEYMAR

SALAH
SERGIOAGUERO
STERLING
TERSTEGEN
TONIKROOS

BUNDESLIGA

```
T  C  J  B  L  W  P  M  L  I  H  O  J  O  R  A  J  V
Z  X  L  Q  D  I  A  D  G  F  J  D  D  U  N  U  H  H
H  Y  H  O  G  R  U  B  I  E  R  F  D  H  T  T  E  H
W  O  C  M  B  C  O  J  Z  I  W  L  A  D  R  L  W  D
Z  B  B  S  H  Q  G  I  P  H  E  N  T  U  A  U  C  H
J  C  C  H  B  S  T  D  I  F  U  O  F  W  G  Y  B  Q
Z  V  G  M  A  A  U  K  E  I  K  E  I  T  X  G  G
Q  X  Z  O  U  O  H  L  L  B  S  H  Z  T  H  A  F
L  U  S  N  G  K  E  T  S  A  S  T  I  K  U  E  D  W
C  E  G  C  S  I  A  G  R  C  M  A  S  N  T  I  O  B
L  R  V  H  B  D  B  F  H  E  F  V  I  B  S  L  R  C
V  E  G  E  U  N  N  A  D  R  H  O  C  J  F  E  T  Z
Q  M  B  N  R  A  L  Q  R  V  X  S  S  M  E  M  A
P  Q  N  G  G  K  N  O  I  K  V  I  B  E  U  D  U  Y
Z  Y  R  L  E  I  U  W  K  O  C  U  N  X  N  B  N  K
Z  N  I  A  M  E  Q  S  H  C  R  W  N  Q  I  I  D  V
Z  H  D  D  N  R  A  M  E  G  F  E  Q  S  C  E  T  V
T  G  A  Q  O  M  I  E  H  N  E  F  F  O  H  K  R  T
```

AUGSBURG	HERTHABSC	UNION
BIELEFELD	HOFFENHEIM	WOLFSBURG
BREMEN	LEIPZIG	MONCHENGLAD
DORTMUND	LEVERKUSEN	STUTTGART
FCKOLN	MAINZ	
FRANKFURT	MUNICH	
FREIBURG	SCHALKE	

SOCCER TERMS

```
E  J  J  D  Z  J  W  A  G  O  A  U  P  S  F  J  Z  E
W  J  V  L  T  L  G  Z  Z  H  W  O  A  R  I  U  C  L
R  E  G  N  I  W  S  N  I  R  A  J  R  R  E  I  Y  E
Z  E  D  I  S  F  F  O  K  T  R  A  T  S  L  L  A  R
P  D  F  I  G  S  W  I  S  A  D  E  S  E  D  T  L  L
B  D  F  A  Y  K  J  T  V  L  S  B  D  N  X  R  P  V
X  K  A  A  U  F  L  C  P  E  W  P  F  A  X  O  G  T
G  L  V  R  C  Y  A  U  P  F  L  I  E  M  E  P  N  G
P  A  X  T  S  O  P  R  A  E  N  R  G  O  G  H  I  X
O  P  P  O  N  E  N  T  B  I  A  N  I  T  O  Y  W  I
V  R  G  M  O  S  V  S  X  L  H  Q  V  N  A  A  R  D
K  P  A  Z  I  Y  V  B  A  H  E  P  S  A  L  N  Q  K
S  Y  Z  N  T  X  K  O  K  Y  P  D  R  M  K  L  P  G
E  S  Y  V  I  N  G  O  A  L  L  I  N  E  I  G  X  X
M  Q  W  C  S  J  S  B  D  G  F  F  O  K  C  I  K  Z
S  W  H  D  O  Z  I  C  X  P  G  F  V  L  K  O  P  K
S  Q  P  G  P  U  F  G  S  N  F  H  D  L  N  S  R  I
U  J  E  S  S  Y  B  S  Q  S  P  Q  R  S  R  F  G  D
```

ALLSTAR	INSWINGER	POSITION
AWARD	KICKOFF	RECORD
FIELD	MANTOMAN	TRAP
GOALAREA	NEARPOST	TROPHY
GOALKICK	OBSTRUCTION	WINGPLAY
GOALLINE	OFFSIDE	
HEADER	OPPONENT	

SOCCER TERMS

```
S  W  O  O  I  O  Q  U  I  D  D  W  B  N  L  E  H  Q
E  W  N  I  W  O  R  H  T  I  Z  T  E  J  J  G  Y  N
C  A  S  B  E  G  C  C  T  I  Y  X  U  V  X  C  A  G
S  Q  G  S  O  U  T  S  W  I  N  G  E  R  B  S  X  H
B  T  O  S  O  T  H  R  O  U  G  H  P  A  S  S  D  J
E  C  R  T  P  S  P  D  S  L  I  L  E  Y  C  S  V  L
R  W  E  J  E  O  S  J  I  Z  G  R  S  E  A  Z  M  M
T  N  F  Z  N  P  F  N  M  K  A  C  N  L  K  L  A  K
O  S  E  J  G  K  G  Q  Z  Y  T  V  E  L  T  F  P  U
J  S  R  V  O  C  Q  X  T  K  H  J  F  O  S  V  O  P
R  U  E  H  A  A  T  L  R  X  K  D  E  V  S  J  Q  I
F  B  E  C  L  B  A  H  D  B  B  P  D  X  A  P  X  D
F  X  H  Q  V  N  W  O  Y  C  O  O  E  N  P  U  E  I
Q  K  Q  Y  E  B  I  S  W  K  D  T  N  U  P  D  B  M
U  O  P  P  I  T  C  H  E  H  F  I  O  Y  I  Y  R  O
O  K  M  A  C  O  O  L  N  V  T  R  Z  L  H  G  U  R
S  L  C  V  H  F  H  B  V  U  A  V  S  G  C  G  H  S
U  P  O  E  G  A  M  M  I  R  C  S  D  T  B  A  E  X
```

BACKPOST

CHIPPASS

JUGGLING

ONETOUCH

OPENGOAL

OUTSWINGER

PENALTYAREA

PITCH

PLAY

PUNT

REFEREE

SAVE

SCRIMMAGE

SLIDE

THROUGHPASS

THROWIN

TOEPOKE

VOLLEY

ZONEDEFENSE

SOCCER TERMS

```
Z  D  S  G  Z  T  A  V  B  J  Q  A  I  F  W  A  X  Y
V  G  N  T  E  A  S  B  Q  O  N  A  R  Z  V  N  U  O
I  N  F  H  L  O  L  F  K  G  J  O  B  N  G  P  E  O
T  I  I  R  O  D  A  W  L  D  H  Q  H  Y  C  O  C  S
Y  K  C  A  A  W  I  E  L  B  M  A  R  C  S  S  N  O
Y  C  C  A  A  Z  C  E  P  P  J  T  L  D  E  S  C  N
U  A  M  L  Z  G  I  N  J  U  R  Y  T  I  M  E  J  H
G  R  L  J  C  F  F  Y  G  R  Y  I  I  M  N  S  M  H
N  T  B  P  D  L  F  Z  R  B  N  U  T  B  H  S  F  K
L  D  M  I  T  F  O  R  M  A  T  I  O  N  A  I  E  L
H  P  M  S  S  E  T  S  T  T  D  Q  W  J  L  O  A  G
G  L  A  N  O  I  S  S  E  F  O  R  P  X  F  N  F  Y
W  R  R  B  N  L  L  A  B  D  N  A  H  D  V  L  O  M
M  P  K  F  B  Z  N  C  S  C  O  R  E  B  O  A  R  D
E  M  I  T  A  R  T  X  E  F  U  W  X  B  L  W  E  U
T  E  N  I  L  E  D  I  S  O  U  H  N  W  L  A  B  F
E  T  G  M  V  H  E  M  H  U  C  Y  D  E  E  G  I  F
D  N  R  E  D  T  D  G  J  E  A  L  F  I  Y  X  L  T
```

ANGLE	LIBERO	SCRAMBLE
CLOSEDOWN	MARKING	SETPLAY
EXTRATIME	MIDFIELD	SIDELINE
FORMATION	OFFICIALS	TRACKING
HALFVOLLEY	POSSESSION	WALL
HANDBALL	PROFESSIONAL	
INJURYTIME	SCOREBOARD	

SOCCER TERMS

```
F A H L R X V F F A E W B X A N A O
S U B S T I T U T I O N P L Q S L P
R I M N S L H P Z Q G N G K B X D P
M J I T I F A J H A V F U L U A D L
U E N O S S U J K B J X G J X I U
F N Z Q S F F O Y A L P X Y D B W M
C I Q M A H G R L V F P D C M X N E
J F R O D N O L L A B B Z V Z Z K S
B S U V W B B O E M A G D A O R A J
T N U P E O T X T A L K B E N C H D
X D S C Y A U T G O I Q C L N L O S
B B B N D X Y K O W U S H U T O U T
A I T N E M A N R U O T A N D S Z A
O W B U F I Y H T Y F U N Q M F W S
C I P E N E T R A T I O N J I A I Y
I W N I M E M P W B S C E G Y K P N
T T K R I K C U H O Y S L H M E S M
N R Z F E K S J T I B V S I L R G Y
```

ASSIST

AWAY

BALLBOY

BALLONDOR

BENCH

CHANNELS

FAKE

FEINT

PASS

PENETRATION

PLAYOFFS

ROADGAME

SCOUTS

SHOOTOUT

SHUTOUT

SUBSTITUTION

TOEPUNT

TOURNAMENT

ZONE

TENNIS

```
L V N X G G U I V B M V F Y H M C A
Y M R A V O P A R A H S W V T Z I H
F M A D E E D E U C E D A A R X Q N
D N C J T D O Y I K Y E D N A R O P
O O Q T Y T B Y K H R V V V E E B Q
B U U Q E Q J V N A B O A R R R R Y
O R E B E I H C W N K L N B E I E P
Q W T O L L F J I D Y S T N Y S A S
R J S S J E Y P U V R P A F D N K Y
P E H O S H S A M S O S G F R N P G
T W A K C P Y X C S L K E Z W V O N
S H F Y O M Z A J C T D O L M C I L
D Y Z T U G Y U R F E B A J G R N X
M R H E R L W B G R P I I Z D N T G
I Z I S T C T H E L U N H U A P I G
Z C M M E R T R N A J M T D G E N S
N A M W T D D R Q H P S A M U P E Q
S C B M T P U K R O M L F Z G C X F
```

ADVANTAGE	FEDERER	SET
BACKHAND	LOVE	SHARAPOVA
BREAKPOINT	MURRAY	SINGLES
COURT	NADAL	SMASH
DEUCE	RACQUET	TOPSPIN
DJOKOVIC	SERENA	
DOUBLES	SERVE	

GOLF

```
G  S  Z  P  Y  A  S  C  A  H  O  L  E  A  C  J  L  O
D  O  Z  I  B  N  E  E  R  G  V  J  G  E  K  A  F  X
M  O  T  F  W  A  S  I  V  U  Q  A  D  N  T  G  B  T
P  G  W  V  T  S  K  N  O  O  Z  C  E  A  W  B  I  W
A  U  Z  W  T  S  T  R  M  R  L  Z  W  S  W  R  R  D
A  K  T  A  I  P  X  D  A  T  O  Y  U  V  O  Y  D  N
Q  H  V  T  G  K  X  P  O  Q  E  A  E  N  W  C  I  A
E  L  G  A  E  Z  A  W  I  V  L  W  U  G  O  L  E  I
U  S  O  G  R  R  U  X  Y  K  Q  R  S  A  O  U  M  Z
C  Z  R  Z  W  C  M  M  C  B  B  I  M  F  D  B  K  Y
H  O  X  U  O  J  S  I  C  B  N  A  S  T  C  V  G  F
H  A  B  P  O  A  N  P  C  U  X  F  Y  M  R  E  X  M
V  H  J  O  D  C  X  W  G  K  S  X  O  G  N  Q  M  U
F  Z  D  T  S  X  E  A  Z  W  E  R  O  F  F  U  D  J
P  K  S  N  F  O  S  K  J  O  X  L  K  Y  P  D  N  I
M  Y  H  D  S  N  N  L  Z  I  V  H  S  N  J  D  S  X
C  M  V  T  H  C  U  J  W  L  F  J  Z  O  P  W  M  N
T  V  V  G  X  X  E  C  F  G  X  C  W  E  N  U  R  B
```

BIRDIE	GREEN	ROUGH
BOGEY	HOLE	TEE
CLUB	IRON	TIGERWOODS
COURSE	MICKELSON	WEDGE
EAGLE	NICKLAUS	WOOD
FAIRWAY	PAR	
FORE	PUTTER	

Puzzle #123

VOLLEYBALL

```
W  R  H  H  R  D  C  F  L  L  I  K  V  R  L  H  X  K
L  U  W  C  K  I  Y  E  D  L  C  Y  F  Q  A  Y  H  A
B  S  L  C  M  M  H  Y  V  A  T  N  E  R  U  D  L  E
U  N  Y  J  Y  P  Z  P  T  I  N  I  T  G  J  B  B  S
C  E  T  Y  V  P  T  T  H  G  D  W  U  X  Z  N  X  E
O  F  O  R  E  Z  A  Z  R  U  I  K  C  B  O  I  L  R
B  C  H  Y  U  T  F  C  Y  U  W  D  U  M  P  M  B  V
V  N  S  W  I  W  L  Y  E  T  O  A  K  L  H  R  L  E
J  O  L  W  B  L  O  C  K  E  T  C  G  C  O  R  Y  B
P  Q  L  K  O  Q  X  Z  I  E  T  O  A  B  C  J  E  D
H  R  O  L  D  J  M  J  P  A  E  O  W  T  U  Q  T  C
Q  T  R  Z  E  Z  J  F  S  O  R  A  X  M  G  X  H  U
A  T  S  W  Q  Y  X  S  Q  P  I  F  P  S  W  C  D  F
F  O  A  U  L  T  B  S  P  Q  X  S  X  V  J  E  U  E
V  O  D  N  O  I  T  A  R  T  E  N  E  P  F  B  T  V
O  L  Q  E  E  J  N  P  L  R  Z  D  H  O  J  T  X  V
D  A  Z  A  M  T  M  G  V  L  K  W  F  J  R  W  S  U
U  B  M  V  I  I  Q  E  T  Y  W  X  U  N  P  J  M  P
```

ACE	DUMP	PENETRATION
APPROACH	HIT	ROLLSHOT
ATTACK	JOUST	SERVE
BLOCK	JUMPSERVE	SPIKE
COURT	KILL	VOLLEYBALL
DIG	NET	
DIVE	PASS	

LACROSSE

```
H C Q M M Q M L Q G P H B Y A V N H
W F D V H H J B K C E H C Y D O B I
D S M J R D C X S O B A Q H I T P M
S K Q Z K F V V M L I C S T I C K B
V Z U G K R E M T U A Y I S G O L E
E K Y U A R O M O O J S O X A S B X
X X R E W D L E I F N J H B A P B O
G T L F D G E V B A L L N I R M V E
V C G V W A V L R T Q M M E N K X N
J G R E K C A T T A P W D H J G E K
D C V E S B L L F T T L V C B O G R
C A R L A B P K O O E D J F W W R Z
G C R D U S R D Z I E S Y K I L T R
Y R R A C I E V F Z C O M V P I O Z
P O S R I V O D O N U P Z K T P O C
P O O C S E I L A O G W S Q H Z U X
U P U N A M N F U H F D Q U C V B P
H V C V U X Z C J L G N A J Y X R H
```

ATTACKER
BALL
BODYCHECK
CARRY
CLEAR
CRADLE
CREASE

FIELD
FOUL
GOALIE
MANUP
MIDFIELDER
PASS
SCOOP

SETTLED
SLASHING
STICK
TRANSITION

RUGBY

```
S P O R P C E U R A I B F M V A X K
N O K F G G P P H A X U I M L D F C
W I Z Q B X U F F R N P Q D B R I A
Y N V H V R C E G C W W A U U A E B
A T A C K L E P V H W I F W M C L F
O L R X V R G V W P Q D X J E P D L
Z Q H Y F A N Z D Q W G G D E Q W A
F T H X U L E A G U E O L T S K T H
J O H A H J L R W R K A R G I F A Z
V N Y Y E U L Q B Z R L W T S I F D
Y L W O W Y A Q T Z V L G T N O H N
F P W O H X H Y Y U T I A F Z O S N
H I L B L T C S Z J U N I C J C R N
D S Q M D W J U I H D E B H E A L F
R D J X W O R D N O C E S F D O L Q
K E C O U G G C F F F N O W C K Q B
P D R A W R O F N O R Y E K C A B O
D A E O S H G K L W G Q X B T N N Y
```

BACK
BALL
BENCH
CHALLENGECUP
FIELD
FORWARD

FRONTROW
GOALLINE
HALFBACK
LEAGUE
LOCK
POINT

PROPS
SECONDROW
STANDOFF
TACKLE
TRY

WATER SPORTS

```
H  N  I  L  R  C  P  S  A  C  Y  D  K  D  J  S  Z  P
H  Y  Z  W  H  R  Z  G  S  Q  K  L  I  G  Z  W  Q  T
S  K  U  L  O  C  H  T  E  U  H  N  I  U  T  E  G  I
A  W  V  M  Y  G  G  N  I  C  A  R  T  A  O  B  L  O
S  R  I  V  K  F  N  R  F  P  G  N  I  L  I  A  S  Z
M  F  G  M  R  W  I  I  O  Y  S  G  U  U  J  K  Y  X
E  I  T  P  M  E  E  L  W  D  D  K  S  Y  R  A  U  X
N  X  R  G  F  I  O  G  G  O  U  D  M  I  F  Y  D  P
H  B  D  N  C  P  N  I  N  N  R  H  I  B  G  A  L  O
A  H  G  Z  R  B  A  G  I  I  I  Q  W  V  H  K  C  H
H  I  R  E  I  T  C  U  Y  E  V  H  S  R  I  I  B  Z
B  T  T  R  I  A  T  H  L  O  N  I  S  U  O  N  A  S
M  A  Q  U  A  J  O  G  F  Q  B  V  D  I  C  G  G  W
W  K  I  I  M  Q  K  P  O  O  L  H  D  E  F  D  B  C
V  I  Z  J  V  U  H  D  R  P  Z  G  K  U  E  F  S  F
G  P  A  G  H  E  K  X  D  J  Z  G  E  T  K  R  Y  V
A  Q  Y  G  B  J  R  W  Y  T  M  I  W  S  N  I  F  R
M  W  D  X  S  P  L  E  H  P  N  H  X  F  B  N  D  U
```

AQUAJOG	HYDROFLYING	SPITZ
BOATRACING	KAYAKING	SWIMMING
CANOEING	LOCHTE	SWIMSUIT
DIVING	PHELPS	TRIATHLON
FINSWIM	POOL	WATERPOLO
FISHING	ROWING	
FREEDIVING	SAILING	

MMA

```
P H O F V A J V Z U U O R U L P E I
S T P I E R R E F K T F Z T A M J J
G R U A G B U C K C Y M H D X J V V
K N O C K O U T T O A K X J A A W U
H M E U R O P W V L H H I Q N N S L
Q C V T S E O S S Y A C M S N H S U
N K Z V B E P H T E K N A L N P Z O
B M X G Q Q Y P N K P U O K Q J E R
P D R A O D G Z U U J P B G S M W M
O D N G Y B D H O R F C F U A C W R
H D E F C I F Y M T A X B J I T Z T
S L L K O D T L C M X M A K L C C N
I L L X U I B U E J I I J M F X G O
O G Q K T M I P O S T D G N Z U Q V
Z U F K U T S C S P N U U X M H C P
H Y Q H R M S I L V A A N F V W L B
M C G R E G O R K R B T R V J J V L
Q H N C O N D B D M E D T J E C K T
```

CHOKE	LESNAR	SLAM
COUTURE	MCGREGOR	STPIERRE
GUARD	MOUNT	SUBMISSION
HOOK	OCTAGON	TAPOUT
JAB	PUNCH	UPPERCUT
KEYLOCK	ROUSEY	
KNOCKOUT	SILVA	

TRACK & FIELD

```
U  F  X  T  M  N  H  M  H  G  A  Y  Q  W  L  M  N  L
S  S  M  C  X  R  A  P  O  Y  U  T  O  S  P  D  J  F
D  P  A  N  Z  F  W  N  C  T  U  F  K  J  J  I  A  P
T  T  R  I  P  L  E  J  U  M  P  X  Y  R  L  U  V  N
X  L  D  X  N  O  L  H  T  A  C  E  D  P  N  T  E  O
T  U  N  L  O  B  V  K  R  E  M  M  A  H  T  W  L  Z
O  A  G  W  H  Z  O  Z  Y  E  X  V  I  F  F  Y  I  O
M  V  D  S  T  U  V  L  R  Q  M  G  G  T  M  I  N  C
Q  E  V  E  A  H  G  Z  T  I  H  A  N  P  G  U  P  Y
Q  L  L  L  R  Q  F  U  N  J  Q  B  I  T  R  L  Q  P
B  O  Y  D  A  S  P  L  U  A  A  C  N  Q  Z  S  U  I
Q  P  K  R  M  T  U  M  O  I  S  I  N  S  Y  Q  Z  R
D  R  A  U  O  P  P  H  C  N  R  X  U  A  M  O  E  O
U  H  S  H  M  E  O  X  S  P  G  Y  R  P  F  Z  S  B
O  A  S  H  H  G  C  R  S  I  N  J  A  S  L  S  U  M
Y  B  J  L  D  Z  D  A  O  L  N  F  U  L  N  I  S  H
T  U  J  K  A  Y  C  C  R  G  O  L  D  M  E  D  A  L
A  H  Z  R  J  D  I  S  C  U  S  E  A  M  P  R  D  C
```

CROSSCOUNTRY	JAVELIN	RUNNING
DECATHLON	LONGJUMP	SHOTPUT
DISCUS	MARATHON	SPRINT
GOLDMEDAL	OLYMPICS	TRIPLEJUMP
HAMMER	POLEVAULT	USAINBOLT
HIGHJUMP	RACE	
HURDLES	RELAY	

CRICKET

```
U Z O J I T J U Z U L J B A T Y K J
T M F T M H W H D B Y E O A O A Q F
X K K X M N T S L S A F W I I Y U N
D B G E G Q L F S M R N L Z P L H Y
R K N I K F J D E O T W A Z A Y V Z
B W I C K E T R U M T O D J C U A Z
T H N K F Z Y G J L V L Q N V I C H
Z Z N U A Q H L C C D H L U L E A L
L P I T C H C C L Y W X R U K J R Y
Y X T N P E T K T O K Z U R F Y E O
E O F B D X A W V A D P N Z P U V I
A J I N S R C E Y Y M T N Q B A W G
D N E S A E R C N R U T E R Y T W U
U G L W W M H J U U M M R B Y J D Y
E P D V S T S B S E N N D R V Z K Y
V C I U A O S T U M P M D B I X E M
G P N D R T H N A M D R I H T Z Y D
B D G T B B I J E B R Y U C O F V O
```

BAIL	FIELDING	ROUGH
BAT	FULLTOSS	RUNNER
BATSMAN	INNING	STUMP
BEAMER	MATCH	THIRDMAN
BOWL	OVER	WICKET
CATCH	PITCH	
DOLLY	RETURNCREASE	

BOXING

```
K  I  K  J  N  V  D  J  O  V  L  T  I  I  Q  C  J  S
L  Z  D  X  C  G  B  M  B  L  E  X  D  N  O  B  I  U
O  N  X  E  T  E  B  E  L  R  J  E  Q  R  T  I  H  V
E  Y  D  S  M  W  N  G  L  E  D  X  E  L  K  Z  M  L
I  X  R  S  A  O  C  P  T  L  L  H  O  M  I  T  T  S
R  E  K  A  M  Y  A  H  N  W  T  S  P  U  N  C  H  E
U  C  L  L  S  B  V  I  I  A  C  W  B  H  Y  O  N  P
K  P  L  C  G  H  J  A  E  R  T  S  I  A  F  P  O  O
S  O  U  T  H  P  A  W  F  B  I  Z  B  M  G  N  I  R
H  Z  T  H  U  E  Y  G  S  U  K  L  R  M  U  B  T  O
C  C  D  G  H  A  C  K  O  M  T  M  W  A  R  D  A  C
O  H  V  I  M  G  L  L  V  J  P  M  M  D  R  T  N  W
P  H  R  E  G  N  E  L  L  A  H  C  R  A  V  G  I  D
Z  X  Q  W  G  O  F  T  G  X  A  P  A  L  D  F  B  M
H  U  W  E  J  D  N  J  A  R  H  P  B  I  C  I  M  P
X  I  G  N  A  K  U  O  D  M  I  K  E  T  Y  S  O  N
G  Q  M  E  X  B  B  J  Z  N  F  I  M  H  Z  J  C  Y
Z  K  T  H  V  Y  N  X  V  I  P  W  X  R  B  A  S  Q
```

BELL	HAYMAKER	PUNCH
BRAWLER	JOELOUIS	RING
CARD	JUDGE	ROPES
CHALLENGER	MAYWEATHER	SOUTHPAW
COMBINATION	MIKETYSON	WEIGHTCLASS
DRAW	MITTS	
FEINT	MUHAMMADALI	

FOOTBALL TERMS
Puzzle # 1

```
E T N U N P S R N S H H T C K O T G
D R H G P O S S E S S I O N R C N E
N A S R S K C S I Y T O U L T N G K
V T A E I C C S X F A J T T P C Q Z
V S R C R I M A V Z N L J N O O U Z
A E K O C K V M B A K E P M I V Z P
D S D R X P F L G I E K A I O I Y
B L W D T O W I L A N V Z M C C C J
Y A R Q W R A E Q O G I C O O S J O
C F G Q J D S L Z N R E N N U G U H
J P I I G F V D X D J T V N F Y B Z
I N N R J Q E G Q L A E M B U F V H
I Y U O S R V O V I R V G J M R E Y
F O P X S T A A N S R I L U B Y X H
E R J F P L D L I X A D S G L A T B
O H A O P T I O N R U N I L E A C X
Z T D U U X N W W M P Z A S C I O D
Q O O G X F Q Y X N M N B Q A J A U
```

FOOTBALL PLAYERS
Puzzle # 2

```
Z E H J F C U H K Y X C B W G U M I
D W D J J W A T T X C A I N S E Z Y
Y A D A L L O G G R X P A U E O R Z
B N B Y N Y A B J R I W Z B N H E K
Q Q Z L E H C M C W H I T W O R T H
W D Z O V A U C A W A N S A J U N H
C S H N H G T N Y R G D E F C S U V
N E E S L S L O T C J R S B O S H Q
A E N M B U C K N E R A Y L G W X R
R R O I O V C S A W R W C E J I Y H
O B T T C H X U Z D X Y S K S L B Y
H W L H P K A L L N H E X J S S Y I
J E I R C V C M E Q P H D L Q O E G
G R H I Q D M H T S H E R M A N N K
W D Y R I S K T U A I G A M P B W G
J O T L C M W A H B P F Y T S E O K
R G M L Y E L K R A B B R M Y L B
R P P R X P J V I O O I C C V E C V
```

PAST LEGENDS
Puzzle # 3

```
E J W B O T T O G R A H A M M E Y K
E C O S Z Y E K H C S T I N Y A R K
H T I M S T T I M M E A D E M P K D
I A E R N S R B T J P M O N F M D W
N A C F Y J V G T Y U A R K J T F P
O J S R S R O Z U N D N E I J S V C
F S I A O N R E D R E E D P N A E U
L T W M Z L H E M G Q O L E N E H P
C E E A P K Y W J O I J W H I O U B
V V L N L A Z A I Z N O T Y E P R E
R E Y H C Q R S T J L T U M K Q Y L
Z Y A Y Y C F K T L V M A X L B U M
A O R N U R G N E E Q J L N U H O M
U U N F C R W R H R S Q J S A I W P
V N Y U P S R Y C B X X S Q F U I Z
M G V P M E V G R O N N I E L O T T
N E J M T H A T A V B J D C I E X B
L P P Y K J J I M T H O R P E K R U
```

FOOTBALL COLLEGES
Puzzle # 4

```
D K T H W M A M O H A L K O M X H L
C K Z K F K W A P T H K U P N N N M
C S U E A K S A R B E N V M I V C K
L L A N P S E H K E D A Z Y S S P N
S E S G R J V F T I N D I A N A J J
U A D D Q P P W P Z U K A A O A O B
S I O N I L L I D E D J G M C K H K
M N E R Z F Q C I O N I K S M I B
Q H C E T S A X E T H N G G I I O
I K E T H N O L D C N Y S Y W C S E
M R C S D O A K I E V G W T F H T U
X M N E H A M M S P Y D E U A S A U
S S A W O I F O U Y B X V B U T T J
G A A H D O T R O L Y A B L S A E F
L W B T U A D G K Z I C P G T T V A
H L R R R U T G E R S Z U A I E S X
K K P O E Y N A M A R Y L A N D F M
Z U X N I C B P P X X T U L Q D S G
```

NFL CITIES
Puzzle # 5

```
X J Z H Y O Y I F D K A B I Y A Q O
V X L R T L V Y K K T Q Z M Z C G P
B U F F A L O T A I M A I M I V K O
K Z O J L O L N O T K N Z T T J S T
T R F P N S S M A R N D E R G D H T
M C H I C A G O O E O O Q F A L Y
X H I Z S N G Y A E T K A R X P A H
J N X C N G W P S H G Y N E H U I W
C B I H E E O V H G N R L V C H H O
D T O S N L H V O T I Y E N H G P O
Y F V S I E S E U U H Q L E W R L X
G O D S T S B Y S Y S H L D N U E N
E E N E R O M I T L A B I B E B D A
V L A A Y Z N X O I W M V O B S A R
D P L T K T T R N O P B H M L T L Y
G O K T R J E P W F D Q S S T T I H
S D A L L A S T X S G L A E H I H W
P K O E O S I C N A R F N A S P P L
```

FOOTBALL TERMS
Puzzle # 6

```
P M O T J P N E B P A R T S K C O J
J W Y P P H U R R Y D B Y S C O U T
O J W U R O U O G Q G O G K A L W U
V F O R N H T M U C B V C I B L W N
S X U I T E O L X O V A E B L A R X
X T N S C J Y X E V B P S P L B A S
A X Q T T M N U R E V O N R U T I A
M V I B C J W N M R W Y E O F O V R
L O X A E W O I U K P N F F Z O B S
N X K R X L D R E C T K E E C F U Z
C N A F Y C H V Q A E W D S K C F T
S A O P E D T B F B M S P S D C D E
L F D E O S R F O R M A T I O N X M
U N D E Q R U T X E V F H O U E Y F
Q P O W G B O O M N J X X N D Y R F
Z S V S K I F H X R N L G A R D O M
H C O M P E T I T O R I R L N I J X
F Y U N O I T P E C R E T N I P O H
```

FOOTBALL PLAYERS
Puzzle # 7

```
N A I O C H R Y E W Z T R A W H C S
T P G L R K T U E E S I U Q R A M T
E L D K Z R O S J A S O N K E L C E
I G R R X K D E S Y T E J W M L X F
V M S C A Z D N S S U O E T N E G O
T Y R G E H G O Q I W G I D R N G N
Q L N V L R U J B X O L J R N Z A D
S E K S D T R N N V R S B E A T L I
Q S U Y D V L O A O F X Z Q W M B G
Q G X F E D E R W I N J A M E S E G
F A H Z W B Y Y A R E C H I L U D S
B R A D C H U B B A R N E E R G J A
B R D N I Z D L Y M G B G K G O Q V X
W E B Z R L T K E U F N O L G W Q
A T C M E C V Q X D R M Y V V F C J
W T U X O L C E Z C L E O N A R D
P X T H Y Z K X N E L E I H T P I F
D R A Y B N I V E K Z Y E V E A E O
```

STADIUMS
Puzzle # 8

```
M K R I X U W K L P B S O U J I W Y
B V S I K C O R D R A H I U P J F N
L A K C N O E L A M E M O R I A L V
A J M U I D A T S G R N N L G O A K
V Z M K L D A E H W O R R A C R M D
S S T N Y L L G Y O U Q D N C X V K
O O P K R F F E D E X F I E L D E K
A L M M U O O T I T Z L U W L S A R
A D S W T R Y C M F R M O X O D U E
A I J F N D W G S E Z B Q R R U K P
M E X F E F N I O M N N Z Z N Q V G
W R U Y C I V A H O D V I H X D N V
E F I L T E M W T D E T T E L L I G
I I M E L L O T W A T E T B H X P D
J E B X X D O S M C J Y I X D P H P
D L U K U C R L A R T N E C G N I R
X D L E I F A R E W E N T P O S J L
D U M B F Z F U Y C Y J E R D X O K
```

FOOTBALL PLAYERS
Puzzle # 9

```
C D A Y E S M A R N E L A J X L W U
F S P L N I W D O G S I R H C L U S
A A E H G U B Q Y L D F M E Q J S R
H B K C W B I S E N O J S I R H C W
X U P E L T T I K G B V T U N S I L
N E C U Q Y E S A C L L E R R U J X
N V H K A A R O N D O N A L D H X U
M E C E D A V A N T E A D A M S G Q
Z E U K O O C N I V L A D T U M E B
O R L U N A Y M C C A F F R E Y R Q
S P E L A A R O N R O D G E R S A H
M U E H U P D X O C R E H C T E L F
X D Y U D N T N A D R O J M A C D W
X D J N Z E J Q J Z R W C B V T M A
G U B D Q O B S H U Q A U T A X C Z
T B A L N R F B Q E E M J K O Q C A
H K E E N A N A L L E N E K J A O P
W V S Y I B U L B G J E L Q M A Y Y
```

FOOTBALL TERMS
Puzzle # 10

```
F G I R C N F L S U N D A Y O M F I
G G W G F W Y N D S A D J X N U M J
L N L W T N U E N C A T E C Z E D R
G C K C O L B T U C K P W C G I T V
U H D W J C D S O L W I N R M A A I
O S L S C O M E B A C K E E R S M S
V N W M D R E D F L A G U C E C Y K
E D I S K A E W O D S S Q P N R Q R
K T C S Z A S T T G H R M Q R I C F
T V E E D Q N R U O O I C M O M E S
P Z X L Y I I P O R N L E Z C M N I
J T Y U P C B K A Q N E M Z N A T O
V J W R K M X B H V T P D J I G E O
C A R P N D O R L F U B M N F E R H
V L L E Y R O C R I A A L W F C P X
K A W C X T Q A N A H H R O O S P V
Y B A L L C A R R I E R Y U C Q X J
N M N B U T J W O B B K S D R K S N
```

FOOTBALL TERMS
Puzzle # 11

```
U T I L I T Y U T O V V W G A B O D
X U C N K I E C B M N W I O D U I O
U G S W Q S D M E V U J L A M B V Q
K T S O Q O W L L D M K D L H B A I
L R E D C P O V Z E J G C L L L A M
V E C H H C X J I D H K A I P E O R
R I O C A W E Z G A L F R N A S R F
C J N U M L N Z N E L U D E H C S R
I H O P E O M I O G Z K D O R P E
K G A T I F Z U H J T O T V D E H W
L T R T O T D Z G H S V E Y R E S B
J Q Y N N G A D U W U R L H C N E B
U C D A S U E M O Y A R D A G E V M
Z M H B H A D B R G P H C L Y C O C
G O O M I R G N E O D L M O V T L T
R M Y D P D Z B D W F Z U G S G G Q
G R O P K N L R O T A T C E P S X I
G Y N O Z P A L R N I K C I Z M W Z
```

FOOTBALL TERMS
Puzzle # 12

```
W P Y T V V I R R U H M O W L U J R
L U O Y O M E Q V W A N R A L H A C
Z U B K A N T I A J I C U F A L K K
Q Z W T E T Q W I C U G G K B Y D W
U D H E J T E R K M U D U Y D K I X
C U W L E E I E A F K F G G A B U G
Z N M T V B G N R E D A R T D G X W
E E M U A Q U A R T E R B A C K L V
N G C C W C X L P L J T R R S O Q T
R A K K I B U F K J Z O V T G O Z H
J E H R G Q P C M R T N J S Z H A M
J E D U W I A Y R A M L I A H N V T
W R D L U T L X G R H Y V M D O R L
A F H E O H C E D I S G N O R T S Q
E C D O W H N K K K Z U F F H T W Z
G B N V A U C S Z I V F C V G U M B
R K T R F R E Z P K A M R N S B N P
```

PAST LEGENDS
Puzzle # 13

```
X U Z M B K S R E Y A S E L A G D G
J D E T R C D J B G L C I J E E A Y
A I P S I K S R U G A N W E I O N A
J C N T X G R O R B S P E O E L M O
V K O A Y E L R E D D A N H N T A M
B E S U K S D E Y Y S E A A V R P
T R T B Q J K G O M A U E N L M I J
W S U A E D I G N N K K R N K A N R
X O H C R M X I D B U T G A C C O O
D N N H E K B E Q P P U E H I K X D
H P O W D S R W S T F B O N D E X W
R Y D F G S M H S L Q K J H G Y W O
G Z F S R W A I H K M C F O C N G O
F W U O A W T T T Y D I S J C V R D
T E Z M N E D E U H Y D G F B U D S
F J U I G N U J U F Y R V D Q Z M O
M N U L E H M O W U F J L D G A E N
B Q I K D V F I L X N F H R B M V M
```

FOOTBALL PLAYERS
Puzzle # 14

```
W E C L E K S I V A R T A S A D A S
Y V I E D J D E E F O R D M F N N C
Q S S S W U P N F F O G D E R A J W A
F B P H I L I P R I V E R S F V M
B D V R W P M N N E R D O U F A U H E
M A A C D R Q R K U Z U M N D N I E
Z C T T K E J A R V I S L A N D R Y
D Y Y T Z M W O S M N H I S U E A W
Z S R E L L U F E L Y K G Z I R D A
Y O O R M J U P L M S N L N R E A R
I W N R W M A R G N I K R A M Z D
S Q S A K C J D A S E X S S P C H N
P W M J X Q E Z K L A O O F R H P I
V T I Y K S K N Z F B J N R P D P
P Q T D H F K T Y T M B W W Q V O
H W H A V C O L E M A N Q B B B G P
P I U R E N N O C S E M A J Q T K Y
X N Y G H U J K C A M L I L A H K A
```

FOOTBALL TERMS
Puzzle # 15

```
W Z J V R S C Q B Z D C L H M A H S
X C G S G T D Q O L E A D B L O C K
N G K D M I U T G B M K L F F T K C
J M L B A F L E L B I D U A T Y L N
R W T N N F V Q C M T V S C G D W F
Y M N I I A E L A G N B O E B Y N Z
W F U V C R O N R Q O D T M H Y P V
X G O T G M A U R P I N N A G F E O
Y S C R B G H N Y W T X S S M S J N
Q P D A E V T B D J C N O K G I R K
C L R R I G H T G U A R D A G Y O L
G D A T S R W L J P E Z V G L B D C
I R H Y O S A D P Q R Z W R M P J X
R I X G T T G E H O V N P E P A Z Y
E L O H E E R H T G D A T S X Y Y Y
K L C H H C F E F N O W S J T I J
H C I C B I C A V T L P B A K O A T
V T C E V K Y F S H O R T P U N T S
```

FOOTBALL PLAYERS
Puzzle # 16

```
G N D P A L N U D O F O Y R Y D R R
H M K E E S B Y S N A V E E K I M P
Z U H U P T O G N T Y K N E I V A X
T X M F B R E B Z O U K U B K L A Q
D C R P C Z J R K I I B H O Q U E P
C U E I H T A M S C Z A T K P U V T
U T C A R R J Y Q O I T E N A O Y E
Y Q M R M P E W Y K N N O T Y R P B
C K A K V R L Y A X T J J Y E R K A
A Z Y V G V I J S T W P C E L H L H
S P F Z B Z M V D E T N K X N P K K
P Q I A C S K Y N B Q H D W O Z Y T
I Z E O I M S M I V I I O C C Z I I
L E L J V U A R L L Y B I P B C Z A
K J D U N C K R L J H Y Z L K M T R
G B L D A M A R I C O O P E R I C I
R P M A K I E M H I C K S L H E N W
I O E K R L U A P E R R E I P B N S
```

FOOTBALL PLAYERS
Puzzle # 17

```
V N P T K I R K C O U S I N S H V N
Z O P N Y A L S S U I R A D A T Y L
C S J K D N S I P Y U I N Q K S F L
M K G V U T Z T N E W N O S R A C T
M C C X J O O Q V Z G V G D A M M S Y
O A U Y R N E H K C I R R E D O I W
K J F R T I M J O H N S O N W H A A
L E Q O E O M I P O U E G Y B T L D
H I D B R B X Q L C N E N J U E A A
N D R E I R I Q D L N C I O X K C M
R D V R C O Q K X O E X V L P I Q T
I E Z T E W V T A E Y R L R I M M H
W Y Z W B N S T J K J K E E C X O I
L G I O R N K X S W Y S M N N D J E
R G H O O I C S B E C K H A M J R L
P P P D N I S E N O J O I L U J W E
T F D S A M O H T L R A E W N H M N
G F V A X F C T R H V M B J Y I U P
```

FOOTBALL TERMS
Puzzle # 18

```
E J Q W W V V S U D K K O X Z E W D
A O W W P C R R N W C J C T J P O G
I K V E W V J O L E I P Y Q T W D B
N B A V W U H C D K K B R N Z E I
Z M T Z L N D E G N E D A Z I E G G
E I L A E B I P P R E S S U R E R Z
U I G W O P H E E Z R T M X P A E M
K S H U T D O W N B F R P N S C E X
H Q O E X V W P C T E S K S X P J N
L U S J E D M C W S N F Z C S O I K
N A C S U G T K C N A M O T N A M Q
Y D O R S G L I L Z L Z F E H L P M
O W W G N S T A T I S T I C S D A F
Y F M Q W C Y F S A M H U R X I R M
Y Z H R A R Q Y O S A D X O A O T P
Z O Q T O O P I P O X Z B F T N G Y
E F B W Z N P O F W N H F E J T V J
P A Y Q F I S D K C H P X C R T W X
```

FOOTBALL TERMS
Puzzle # 19

```
X V I M G Z E O B R E T R A U Q Y K
S O Y A R D L I N E S E A N E P S M
H N Q X U V E T T K P G Z G S E S P
E O T O U C H B A C K C A L J N O Z
X I R T T Q Y L N A H O Z E E A L D
S T N F H U J J J B E M T A P L I N
E I D Z E I T N J E X M K O J T K I
F T G S F T R H J N R I K V J S E
K E M N W A G D F I O S V W R Q O N
V P O N A D E A D L W S E X E N O A
D M O O Y L K Y Q O Y I U Y G Z R B
C O A U Y E C G I U W O R D N D E M
Y C O B P I A A Y W N N Q F I B L W
J W K U S F B V L A R E T A L Q B L
O F N B L N T O U L U R P S S X M I
E T J F U W O J N E E Z N Z N B U D
H P Y E S O L E J G L R S I U C F Y
C B J U G D S J D Q H A R R G P M W
```

NFL/XFL TEAMS
Puzzle # 20

```
M F T Q G I X H P D P R A M K K J C
V P D V D O L P H I N S U I V F A N
U Y T B E I A U M N D F T R E U G G
P P C F O R T Y N I N E R S G K U O
Z A E N F O R C E R S K V N Y U A W
S X S T N A I G Y K S N Y I O N R Z
O X T R N Z H F J D K J V K O A S E
S S O Z E C G Y E S Q I J S I C Z Q
V G I H I L Z J M R P V S D C Q N J
X P R S V B E R E E N K E E H N E F
L P T H Z T V E R W P R M R A M S X
X D A E S A Y S T A S G N I K I V D
T N P W X B C E X S N P F Q G W P R
O O I H C A R D I N A L S B B X K J
W D R A G O N S W F T B B L A M S X
C H A R G E R S A O I U X L M C A V
J Q T Y G X X I O V T Z W D T J R A
V A D D F E N Z P D T R X V Z A B A
```

FOOTBALL TERMS
Puzzle # 21

```
V U P O G W Q E P T D V I Z S Z M E
N F F E G J M Z J S E Y S A R V H Y
J Z X M F A K E S P I K E Z S T R U
D H A R G C M V Y C A R U C C A B Y
G W O E T I N P A E P C O L P O E O
R S M W T S L Z D T L R K A B G I Z
P O R F N N K A N N E L Y A I H G X
H C L P A S S R O U T E O Z G M E C
C A T O I U O I M P I L Z W C E H O
H O S R C N T T K D Y R S E F B G D
P Q C D B O X H C E X Q T O S L J O
J X H S N I L G A F J B A N S I A T
K U O E D T J A L F V A D P B W Q G
T E L A L P U L B U J X I A F V U B
G N K D L E I F V M Z N U S V V G I
T S N F S C O N I B N Q M Y I Z G X
H E U G A E L C Y E V J O S K C C N
S S A P D R A W R O F K F C D V X Y
```

FOOTBALL TERMS
Puzzle # 22

```
Y V V H F N O I T I S O P Z K Z S F
X I V Y R C R U A H Y C A F R A I R
U Q X C E I K Z P Y A K C A S J N Y
L G W A R K H B N S L D Y L V U G M
Q Z D B D F C A S U P E R B O W L A
M H U D L N M O P C G H A U X E E T
N I K G A E L H D R N F L O E C W L
H L C U N N A K Z O I I A V R N I A
C M O I I E E C G W N B S U E E N I
M L L W C E I T H G N X G K T R E C
P K B N G V F I U E U N M U R E T E
P Z P Y O R S R W U R P E E A F U S
Z V O Q A T S G N T O S F E T R Z Z
X V H X L J A F A L S E D A S E D S
P Z C E P K P H W U R G J S T O M
Y P Z R O H H L G E I N Y L F N W T
B O Q L S W J W E A U J V F D I Y R
Y P U N T R E T U R N U Y Q E G L K
```

FOOTBALL PLAYERS
Puzzle # 23

```
D K F S M U C S A L G M Z H Q Q Q A
S U Z L R M E L V I N I N G R A M A
H U A T Z L G V I U Z A C H E R T Z
A E R I C K S O N I D Y N L N Z L F
M C A N D R E W L U C K I A G M D I
X R M A Z X O S N A Y R T T A M F F
I S A T E T C L R T A A R T W C H T
P Y K R Y T J Z R M S L A I Y D Q J
O N N I X E M U Z O R C M M B L J O
D T I A O K O S D C O K K O B A R S
P K V T O C S Y E U E N C R O R J H
V S L N C O L D D K F A A E B E T A
A M A M F L E A E X D R Z S Z G R J
L T F N B R Y R L O H F C E S Z B L
L V D G J E C B M Z B U K I Y T B E
S M A D A L A M A J G I A H E I J N
S N I U Z Y K O N Q E G W E G F N F
X G C Q C T O T O L O P P O R A G B
```

NFL/XFL TEAMS
Puzzle # 24

```
S F E I H C K P A N T H E R S N M W
C Y R C K T F A K Y A H B H R W S Y
B R O W N S G B I K T M N K E R W G
X K X B W B N K C S W G W Q E K R H
O T P R W J K D G K W H J D N R O I
Q B S O D O T K O W G F N E A E U G
U D T N N W C M W A Y E S J C N H
C Q L C E R B F W H F E R Z C E H W
D A O O T V A B A E D N A S U G A N
K M C S H J A O D L R P E G B A E E
G L T Q C M Y R H T C A B H L G G U
R H S Z Z G T N K T H O G M D E K U
Q Q Z M S R E K C A P Z N P P S S L
X M F L A Q C J W B U R C S L S O M
G S L L I B W K L N A P A G J Y C Q
C Z C A N Y S L A G N E B S S R T U
M O I E T K T T D A K F E J D B M O
Z U R D S G I Z Z J R Q D T A X S M
```

PAST LEGENDS
Puzzle # 25

```
K S M S J A C T B R E T T F A V R E
I T A A Q N W O R B M I J N M S N T
R L V B O J A C K S O N G X W U I R
C D H L S Z Y E B I H L A B A A D E
C D M L K P B E D N A R I K L E E B
N Z U E D L A R E G Z T I F T S A M
H R N B P S J E T L G W S P E R C A
E R N P K J O H N E L W A Y R O O L
K A P M I B H C U T V D S Y P I N K
T N O A R Q L K O A P B S H A N J C
V D H C E G D B L R K A P S Y U O A
Z Y L L I L B O B Y N Q T X T J N J
E M P R T W V O L D R O S X O I E H
L O E A A Q O Y E Z Y G S Z N P S F
P S W E N H Y R M J I A Z D I H M B
G S O D I R S A T I N U N H O J V X
S W D Y V O W C N M L P T T R O E R
O S O X E J S X Z Z Y C J A U I W D
```

BASEBALL TERMS
Puzzle # 26

```
P F W X A N A L Y T I C S N R H L N
N E L Z P Z I R W N S D T J I A N J
Q R D Z T W L C R K T G O L A N W E
E X O S Y U X Q W Y C F L U R G C K
F I S H P J G P S X H O E U B V T Z
K L M R E T S U D O A S N T P L I L
M L N S E H P A L K N F B K P S E U
F A T C P D T D J S G L A T K N F L
E B Q O L A I D Y D E U S R M D R D
E Y Q T F U O L N R U Q E I I I O J
T E N U V A N D S U P S S P F Q F S
B N W O T S R E P O O C I L G E H W
Z O G D O T B G L L C R A E O Q A D
W M V N U E A V C B K R A P L L A B
F B K U C R S Y X G Y E U L P C V Y
M X Y O O I L B H B X Q Z A F E M A
V K V R R S G H A C X T H Y I R A U
I H I G L K V C Q Y W G P T T D D L
```

BASEBALL TERMS
Puzzle # 27

```
Z O G Z L T B A T T I N G O R D E R
G J S H F S S F R E E A G E N C Y M
A W K F T A C G E Y Q V K T N V K F
C S W S F I I X T M E X T A V H K V
U H O N I K T S L S K I V I Q J M N
H B A T C R A C K B M D P W Z H R N
M M H M W F F F O D A E L F M J Q C
A P P E P F I C V Z E D G M Y R A W
A E U C S I M O D K D R K S L E T B
V O D V N H O W I Z V X O L V T A A
G G E A S W C N P T I U E F T N R R
S S I V T M G Y S J T E D F D U U R
A P T V R F C I J H G B Y R N C I E
A G X H M N J I P G I G O O O H W L
C S D N X O G A P L F P L M X C L U
K R A V Z H W Z K S P A V E B M E P
V V W O U L L A B W E R C S B N V R
C K E W I J G S O A M K K A D R I L
```

BASEBALL TERMS
Puzzle # 28

```
Y G M O Q G N W U J M F D P G T B Z
T Y E Z M J W Q M O A G T J B S P Q
X M A L S D N A R G S L H T L S F K
Q D P P Z E V T P N C A C I P H L W
W C L C D A T N W H O S Q P D M R V
L H L O E A T U O J T J U B I M J K
E M A G T C E F R E P R K L A W A V
B P B H C B Q Z H L X I O Q M F Q D
K Y L Z E N R E T T I H E N O N A H
G L U C J P O V Y C C V P N N S P S
R R O A E I S L B W A K O F D J A N
D F F Y V B T Z V K T I P P N R L F
R W I C D T E C E N T E R F I E L D
Y Q Y L T N R X S I G N A L S R S C
M E G V G T U C S U S S E H T Q T W
F Z C P I C K O F F N B N Q F J A Z
R I M L X F P U M A K O O Z A B R E
X K X J F M U J T P N Y B S B I C B
```

CURRENT & OLD MLB TEAMS
Puzzle # 29

```
O L V O U K H B P V C C R S P F D O
I E N Q X B G H G M D B Y T S O Z E
Y I O V S N I P A R R E T T R V F F
E G B P B L A T D F C L D I V U H J
R J O B L Q N J J H C D O S Y T J A
J J S I D Y T J J V M L E P T A W W
I P E M E K S Q Z T E R R I E R S W
L S E L A H W F U S S E R D A P O W
V E Z Y L R P A C K E R S E D A T E
S T B K R V I A V V V X J R I Q M M
Z A D I A M O N D B A C K S N Y N C
K R D X D Y P C E B R O W N S N K X
A I B T S R E W E R B H S D G E M O
S P Z D Y T I G E R S B O W L Y J I
Z L E M A Q X D I A U X M C T K P Y
W R I O R J S L A N I D R A C U J T
J M Y J L O C I H M Q T F K L N K V
Y R I I X R J V I J C S O X O O Z G
```

BASEBALL TERMS
Puzzle # 30

```
I D T P L A T E N C X N Q J B X R Y
K W U L I P C M O D S O N B Y U Y T
X H O A I P P D R A C D L I W H I P
W Q G Y S T U O E K I R T S O V I C
P U U O W H E I G S T J J U R X K P
V D F I E D J G U L U Q L E C N P
X L T F T C I S U M N I H C K I U C
Q B S C O L Y L I O Q C D F C A C C
T I T E H U L D S B Z E S E A T K M
E Z V F H N F J T L S D F D B B L N
F D H E I T N F L L A B Y R E M E Y
B E X C T G A A M H R A R L M V B M
B O Q M T A B C E R O C S X O B A L
G T E X E D R N V Z A R M N C B L D
Q W A R R P O N C S U D X N J B L G
J Q A A H P R F I B Z F A W G K G H
I V H E Y N V Z L P J Z B E J K Q I
G U V G L I R E X K S Y O W D V U I
```

BASEBALL TERMS
Puzzle # 31

```
I G M V H Z L A I T N E R E F F I D
W U C X Z H O M E R U N D E R B Y Y
M L W N K N L S Q G F V S I E Z N M
H R D T I H D R A H Z D E D F Z Z X
S R I E U G A E L G I B B C Q O D D
L N Y S Q C L H A T T R I C K Z N N
D Q H L J R N C L U Z V I H R R O L
Q T Y X E T P A S P D A V K E B T T
K J A T E P R E W O I R R P G P G H
U Q N I Q S V L U V U E Y M G O B X
S I D C T Y L B B S V L L B A S I T
S C J Q V E L R T E Z L R C B S B M
R G O O D E Y E I C D A H B E E W A
O G V R P G A L J L W B B W E S T L
H D E L E L E Y A Y Z E A X R S Q D
V G A K A R E H S A M V K M H I A Q
Q Y A W A J E K N N O I T A T O R C
Y L A R I G H T F I E L D E Y N C V
```

BASEBALL STARS
Puzzle # 32

```
H T R O U T Y L S I Y C V L J N E U
D Q A H Y N S M P O T X K M I Q Z Q
D W B T A B F Z C W U U T Q S P J W
K R K E I W N O X M E E D S H E Z T
E O J H M S K I P N I S I A V P L V
V F R A D U J B K H K M D W Q Y N
X E R X N M A R H L A C H N K S R R
W T B K I U B E L K M U C A A E E W
E O Q E T H C K R K E U S L S D W G
B V F R I B O A H C L H D E K N A D
J L C S N Z M M G S J L E C W H D
Q T S H B Q G E G R E G O R I U S
T B L A C K M O N X R Z G F H A D Q
V M O W A T U H S A R E R T N O C J
M M A V K L C S T A S B S T U J A F
L P Z Y A J Q M J H S A M S N S R
A O N P D S X Q E D O N Z S F P F T
Q Q A Y A U T A Y M A C H A D O W O
```

BASEBALL STARS
Puzzle # 33

```
V S G O D P M X R Z V H Q Y F J T N
A F C C V D G M K C D A A O U D L O
O I Z M D Z V J E E X Y W F P M Z C
W L F W A C A N U Z O L L A P Z B C
A M H L X L I X C W E K T B Q R J G
J A J C S Y O X H R F N E X Y P H H
E Y D I I X R N E P L D E A I K A N
A Y J Y G L D A L C V V N M L M P J
T Q B E M R E A L M U T O K I M P D
J Y F L I N P Y R U O Y V L I J X I
Y T J C A S U E S W I E T E R S W D
F B E U N P P L I N D O R F N H T C
A R F E B R O V N A N O T N A T S K
M M L D A I Z M N A U X S C L Q U G
G L S H E N D R I K S D G N I H G F
S I B U M G A R N E R G D X E N O Z
J F K T T E N N E G Z F P R T K P P
R Q K W Y R U V S H N C E F Y H E G
```

BASEBALL TERMS
Puzzle # 34

```
I N E M W K G E C G U L N S B L S Z
X Z W I I K F F N F Z J L J E Q M Y
F U L L C O U N T D C Z P A Y R C F
C L O T H E S L I N E Y D V B W T C
W L Y D L M C L N U N D D J X Y I Z
Y Q L O X B L U A L I T V J Q B L D
B G X R U K N M O S H U T O U T L F
D R U N V T Y X T C H L S E K A S C
H Z T S L U B A B K E L D Z G M V L
I K H W W T N W I F W A I W H W P Y
X I A K I C Y Y T V R B C N N M X I
L D L W E E Z F T P E M U E V S O
S G N I N N I H V P T V K C K R O E
C E C Z V E W D U M R I U E K Z K
L E K Z L E G O U T D U X V W L N N
E W B D I C E L Z I S C I C X T F H
B M B A A C Q D D L A A L O W K P A
D H Q I B R I T T O W U E Z C U Y B
```

BASEBALL COUNTRIES
Puzzle # 35

```
I Z C A M A N A P F A M W H T A Z L
W S G D G E X L V E N E Z U E L A O
W I U A P E X V R K R A M N E D C U
E W M N O W I O L S Z I E I I I E F
S N X A O A K D Q B P L Y T X B D R
W E M C I H S I E P I A T E V E J S
S L G L T D L A H R M D C W T G
E U W U B D M U F S O T Y S L L E M
H F O G J D U U N A C S C T R C Y Z
E S B H V F A K L L R U J A P R S K
P U E R T O R I C O B A E T G Z D M
V Z X R N E G U B A C T S E Y T D R
S D N A L R E H T E N F R S Y E U A
R H P C G B N T U X Q M P Q S O N X
P A W C A I T A G G A C M L S N S J
J D O M I N I C A N R E P S N Q E I
V K O C H I N A Y L A T I Y E X G E
L C Z N I A P S G G C J V E L Z K
```

BASEBALL STARS
Puzzle # 36

```
C C I Q C J G L O R B O T O S N D K
W H J A I M X N J N A X T C S H A K
D F R E E M A N L P U P Z S G Y I H
O O I Q B R Z R E D O U U A X S I Q
F S O N A L L E T S A C R R Q B N T
I T T O E P I S E I J D C R R I Y L
E R O S Z P X Y J L N N Z A A V M Z
M O R R O W G W J E I E I C W D V A
Z M K E E N K W R L M F Z T Z V E R
R A F D V Q N W N C M G U Q J E B M
M N J N G L P L A V O D N A S N R Y
A Z A A F B X R G U Z A I H P Q O S
I H H R U F P T U I I J R R N Y W M
O G Q G A E S F V P I U P E Z Z R J
W T X W N U O A L T U V E B U C H G
X T H T E S W R Z J H R K U T A R H
W L E S C A M R U F G B K L M O B M
C R B Y M Y K D Z Y R X M K D Q P R
```

BASEBALL STARS
Puzzle # 37

```
D Q T P O F D A R V I S H A I A W U
W E E K K S O E S R E N K S I A P E
H X S A A C G W L G O R P S I J U G
J B W Z N T D Q T E L L R Q N T R
W F Y W I T C A R O H H I A I Y Z U
I Z N V M Q P O L B B I U I N Q N S
T E E P A X M E R R I F I E L D Z S
A L N U V G Z B N E J A F G H S E A
C A I Z Q F A E I G C F F D B T O R
R S E V E R H R R M L I N U V G O T
E Z R O P O A L E A D R J D F B S
O L T B G L U M H N U P Z P R S C J
W M W Z O Y G E W Z A S B U A S R M
A A N I J A R L Q V P D V L W Z H R
P S H W S T T E B F F E O E Y Z U S
E L H T Y M B J M J C K L B E T M F
N M N G Q W S W R D I R F O H N N H
B F U E Y E X J N M M M Y P D R O K
```

BASEBALL TERMS
Puzzle # 38

```
U C T N F J A M I X G Z Z L S A H Z
H A L L O F F A M E S I K A C K M X
F V L D C B O K U O U T F I E L D C
Q U A P G A V K X K B E C P V K G R
H K A R A W O U L N Q A D I A E A O
S X X J B D E D A O L S E S A B R
M L W J L D R A R T W S M A B M I W
R N N I A A D L B O L H M P A W Q S
K R Q M H X M R V A C U V N Y A T A
Z U G E A Q Z U R L N B A R F L X U
E Y E S R E T T A B X G F E Y L E K
T A H H C K N O O V E R T H R O W N
J I N F I E L D E R M P T C W P S O
H D L V C K G V Q W I H P T X P B A
S T Q E Q K F T S R E H T A E L S E
T M D P H R Q J G R P R M C G K O X
O C E A J M I N U P W P G H J O K S
Q Q U S A O P G G K L B H F Q T W C
```

BASEBALL TERMS
Puzzle # 39

```
K L N E V O T S T O H R E T R A T S
J K P T J R L O V Y L E K L B G X D
Q U E A M X E B G N A G H G U I D P
Q S H L O Q L G O O I G B J Z O L B
I O B P M R K H N T R A P L D B Z Q
H M E E A S C B D I T B U B H Y E F
G C X M N W I K S D O V T Q G I T
L P S O L I P V O T N W M N G S L S
L O S H R N L G D J A T B H A V R T
K T J I U G D L J U E T W F T X A P
J K T X W X M E U G L O I A M G H P
G I P M Q O L R A O I G I S O U C M
V M O F F S P E E D F I R T T G E J
R M U Q V D C E Z E B U R B N I L J
G X N B P I T C H E R A F A A M C B
E W S G X D P O V P L X L L H O N S
H O F R C W T V L N M K L P M U O
R H A L G K P Z Y G N J R K O Q A H
```

BASEBALL TERMS
Puzzle # 40

```
T I V J P J H J J M P Y O E R O C S
B F T S I P U N I F O R M S P I J W
J R A I N D E L A Y L A N U B R R
X R N M C H A J Y Q C C O B O U
P I G X H V U N D O Q G A H B W B C
G E J G H H J X R H N E P L L U B
S K R W I A O S I Y F I D E P R E Q
V A A A T C Z M S O Q K A E N A R Q
Q N R J T A W B E A R O G H E T C W
X N O A E U M A S T P O Y W N R K F
X O B S R E T T A B E R H G D G H V
G U H D S U B F B F C A Q H B E M I
M N X S D C N L Y Y U T M D K P M Y
F C L C T S T I J A E L Y L Y E D N
V E E E N T B P J D D X I P C A S J
B R D W F O R F V V T F N O J L C W O L
T S Z Z A C P Y X F W L P H D N Q R
A A J U O K Y H T O V I P S C Q Q D
```

BASEBALL TERMS
Puzzle # 41

```
Q C P W P E G W Q E I J Y Q P A M T
E N E B T C D Y X D N U O R G X G B
Z R A L C S G T C B T M I T Q X M R
Z L B P L H R N P A H G I Q K E C E
A Y F D J A S S T N E M N G I S S A
P Q I N B F R T R E H P O G X A D K
V P R A D R S P U P O P D H B B B I
H B S N Q J R O U Y L K S R M D H N
D E T C C J Z H B E E X A I V R L G
F I B S E R A S X M N O C Q N I D B
B Y A Q C V B T I A Y I F E R H D A
N H S U M P I R E G P A L T M T T L
S R E Z T I W O H R F B Y Y F Q C L
S V M R Q B V H N O M A N S L A N D
B Z D B E L G S E U Z P K D I S A C
D Y O D W Y H F F V H O J Z P Q H Q
H M I L Y O A N O R Q O C I J S S I
T B Y Z N R U T E R K C I U Q C R Y
```

BASEBALL STARS
Puzzle # 42

```
B Y J F Y U S E G U R A Q D E O F Y
H Y Y I O Y A I N A T H O E J Y J G
R Z N F A R M M B G W S C K U R I G
E E S C A O O O T T O V K M E I G O
V R Z O X T C N Z Z L O A U R W S O
O I S S S W C A Z Y K K B H M M
V M G R E Y R A U Q I B O L A U X O
P A D E R H R D H A A R E N D O N S
W R X A G S C A D T O U M V Z I M Q
B C B T C A R S B T T C K F R K Y S
R Y P A E S X H R L H E O E F C D E
D H U O V S U K G A O J V P R Q Y H
Y L S W U L V I P Y R E G I N A H L
Q G S T K Q U M F W S X N X Q M P R
O F X K F P A B K N C Z A T Z W J I
R J E V D N H R D Y J X E T T C B R
M W A H O O K E S B D E T T R R I N
P V O L Q N O L L I A T L K L G N M
```

BASEBALL TERMS
Puzzle # 43

```
Q N L L A B E S A B Q G S F V B B Y
G P Y X V F E E T M M R B D W I S M
C O K T T V U C G A V J C H L T Z W
Y Z L G O O M O Y D E C E I U T R R
U T I L I T Y N C F N L U R E Y U P
R L G H H D A D T V M M C W S B F P
O S P R P H W B R E P P O H C E H W
U I A O A G P A T A C R D D Q O Y Q
P B G T S C I S I A L Z G I X J G V
S N N C B T C E K D C P Q B N H D D
L P I E K S S V S G F E I A A W R D
H W G T M T D E G A C G N I T T A B
M G G O J T R P A X A O F T W Z U T
K X U R M I B B T S A X I C E H G X
R T L P E M X E S B O H E B G R E Z
Z F S K O W A A S N L T H L C W
A Y U E Z C C J T F G V D M L K A F
Y G V T T L R C M E S A F P O Q F F
```

STADIUMS
Puzzle # 44

```
O C X D R F U R F L X A G E Q X J J
Z B B P W B A E A I T H X M M C N R
H D F T X L A K J A O V J P A D J B
Y C Q E F Z R B N X Z R X N W L T S
Z I V S N J T D E B P B P A R E E N
M T E V E L T S U R T N U S I I I X
W I O W Y L H S S P C I U P G F G O
N Z A R Q P C A Q C Q R E L L I M Q
X E C I O H O A F U E T P S E T D G
O N I D O D G E R P C W E C Y I W L
U S R T R W V B O N M W W F C E E
I B E R H Z F Y P H J C X K I M P P
C A M D E N Y A R D S Q A Z E X N V
M N O M D F R N H W Y A N T L N C R
I K C I S K N K Z X X I X Z D V P N
I X I F G E U E B P R K F E N W A Y
K B Y B U I T E G R A T Y R O W R K
O C T B R D C O Y N A M F F U A K M
```

BASEBALL MASCOTS
Puzzle # 45

```
L T P U T X W Z Y A K I P K P Y O V
X J D O R J R Y Y O O R O P Z Q I A
D S G P R N J J J O K F U K J Y Q E
H J T H W C F D U R E P O O L B Z M
R O D A H C U L H G K P K L G M A V
I Y C N P U W O G A R V A U F R I V
G S E A S O U T H P A W E W I F B K
I N Q T W L Y X O P L C L N S R G Y
C A M R C U P L A N R Z R R U K W S E
O M R C U P L A N R Z R R U K W S E
C L I V D O E F C M M S B R Q L X P
I E B H U C R O P O V C K B I E K M
M R D S C I Q B O H U D D W T E O
M R E R J E W S I D U X E U G K F T
A A R E R L E M M T X R E G G U L S
L B F E P J J R S R J U O Y H F P E
X M K Q T S M A C F P V U F L D Y V
I V F S E V D Y R S N I F Y N B V A
```

PAST LEGENDS
Puzzle # 46

```
W U C U H H E N B O M O R L I B A H
T M T J C F E D A U K O E O B G E E
U U U O B W J L B P G F X U R N D T
T U E S Q K Y P E E C H M G D U Z W
Q E T O I E V O R G Y T F E L O B B
J T X T A D C U N J Z R H N Y P E
X D C M U W L B T G I S L R J Y Z E
A I O F M E C M H I O P T I E C S L
E M B I M X O E N N T T K G P G D L
F H B E G D U T S P O M P G X Q N H
S C N E B G W J S L H S B R A B O J
I S K A Z Y A P E J I V W E S F B Y
T X X O F E I M M I J B F E L U Y M
Z S S N X L S M I H E B D N H O R F
J W U K T S A R O D Q W G B P T R V
P H O N U S W A G N E R M E G H A V
D G M O A I R X A F U O K R V N B M
O H M I E G N O S N H O J G S D A O
```

CURRENT & OLD MLB TEAMS
Puzzle # 47

```
A Z G Z C I S F E D S B U C O P V Z
P G G Q O S R O T A N E S A W M V S
G M O P L Y N R O Y A L S B P S Z Q
P D P E O A W O A E I D C X N N R P
N K G Z N J G C Y F D G N I T M U R
H N S T E E K K S F N D W O D Y Z R
A A K T L U F I S C I T E L H T A B
N T X Z S L Z E R E S O R T S A C S
B I P J O B W S E E K N A Y I M W D
J O Y O I K S K G R J C I M P K H W
F N Z E A V M V D X M E Z L R V S J
R A H G R B H O O S I E R S R W T I
M L E X R U N S D R H X P B Q A E D
R S H M I W E D L E A P R N L J M I
S X B A C T W U N G O O Z K A B N G
I E G L I O W A O N W S I L C G A F
U B V H P Y X M A T M E D Y P C H C I
U Q W F S M H Z V R M R I E R Q U O
```

BASEBALL STARS
Puzzle # 48

```
Z P W V N A A M N I B R O C X S V J
G U R E V G Q O C A X O N M H H A S
K W E J V U H R K X M B C T T H F G
Z Z G B B T O G U E R R E R O J R W
N C N T O S L E M A H A E M V T L S
M R I Z G D L D U M H N O M V U R P
D N L W A B I C H E T T E X M E B Z
I R L L E C D O S N O L A Z G I K W
Y M E U R N A Q U N N E E A X R Z L
Q I B C T O Y L T R J Y E L D A R B
I G L S S T K L J S Y F O Y L U
E D H J W X S C L U B Q O Z W C N B
H W Y S W A O Y N O O J E I Q H A K
O O O R I P N T J T F J C Y R G H K
D I K Y Q C P S L F I K N G P R T C
S L B A S I M M O N S M B L E E E I
T Q S P Q Y H Q D Q D L N B U S Q Y V D B
I G H V M S Y N D E R G A A R D U A
```

AA/AAA TEAMS
Puzzle # 49

```
F H U N T C S R E D I R L I A R R J
H I Y G S B U L H H L S R C U M U M
Q R S A T W S R E S Q R R I S G B E
K F S H R G O B V R T O E Z D F B Z
A U O R E D I M B E R L D N C C E E
Y X S C O R G H W P R I N Y T H R G
P E E B D T C O C I V A U M V I D E
T G R S Y P A A A R M S H Q M H U N
V C S L J Q C N T T G O T I S U C E
G S E V L O W A E S S C Y T A K R R
R R A J U W I N D S U R G E A H S A
F O D O B U Y R L M A G T W C U M L
F T O Z C P V A O M N A T U R A L S
J A G Y B Y M U W D J W B W E S W M
J I S E I N O P E L B M U R V O S N
D V Q Y S L I H P N I T H G I F J K
I A K B C H P N D R V I W Q R Z V L
W P J Q J S Z P T P O W I W Y O Z O
```

PAST LEGENDS
Puzzle # 50

```
G H Q U P W J B B E Z W N L H R H W
M V Q P L X E O F N T F W I E V E L
H C H E N F B P U R L I P J J M Q Q
L G R I F F E Y J R L V V P G W K K
M A P B E C D S A L E R C E E J C J
G R F L N E K P I R L A C W X Z H V
V R L A D O W E I Z P E T E R O S E
P E F K N H M W R J E T E R X E T N
R B R S P A H N Y B S N R O H E Z L
K I R H Y I Y L G I M E M A D D U X
P G K S K Y V R C T R M A W Y O V R
B O B G I B S O N F C E I X T X N L
L Y J O E M O R G A N L C S F Y O X
D N S S I N W K E U L C L L T A D D
O C D T F P K P O I T O X A M R F A
H N O R A A K N A H M A N T L E F O
G R E V A E S M O T I G G I V U X C
R E K A E P S S I R T H M T K I Z D
```

HOCKEY TERMS
Puzzle # 51

```
N U W I C E L V W Q W H G E Z I S O
L C A Y G K W Z B G U K I W C Q O H
Y L L U B Y S F G E V S L M L U Q
R H O M Y G Y T B O V N L L D D E A
M I N A N I P I T E E Q Q S J S A J
F W G I E G U Y K E N K N P M H X K
X I C O H A N D P A S S O L Z U T N
G I H B P M A L E H T D I G A T V F
D N A L H E A Y Y M R N T O L D T W
W O N I T M B Y K C E H C Y D O B S
S B G P N P X D V B N B E Q Z W V L
W M E U I B V J R A G T L Q M N D E
A A K W Q O K A V D T L F S R Z A W
F Z D K O L W K C A H H E I Q G I F
L D J Y P L A Y O F F S D B H S G O
D R A W R O F R E W O P R B M S H O
C A X Y I Y Y E B Z J J J Z Z W P E T
R K B K K D S X A R N S P M K F K W
```

HOCKEY TERMS
Puzzle # 52

```
B E W U F F A B U A Z G P Y O W K R
L Z T N N N S M T G K N O N P K Z Z
S T N A P F H S U C S I O X D C U S
Z E W L K O I R X Q S T Y P D O H N
J Z M L I S K K N V O A Q L C L U U
R U W S Y G E H U X K S Z K G J Q
C B P A Q S Q A C A C S S N S Y
V Q H P T G X H B H I H T T I I Q
W F C V V C I Q W K E U I J Q W V R
J G H U X C C A L H C C C C C T S Z
G O A J I N Q V Q Q W L K F L F J V
W O R N J Y I Y O B E P U Y I E J
U I G I M O U M A V P U N G L L T J
T Z E T Z Y Y R E T A K S G E N O S
B L B G M B D O I T E C N E V U L Q
B O H A H O I S K W L A W A O H A C
P P Y V W E W I Z G D B N H H O M E
O W G N E V Q V I A D X F U S M Y L
```

NHL STARS
Puzzle # 53

```
B O G D N K P T Q K C P Q D K J T U
M R A Z E K I V N P X G G D D V D V
Y A A M C S E R U T U O C U X O G U
Z O R I V S I T O M W I L S O N X Y
R O U L Z S F L G B U X L I V H D Z
R Q L Y E S K P Y W A V F V D Y V H
R C H A R A X F O I H G A N O D C M
I L P V L Q U N U S V I P Y S T Z W
R Z W J U G Q N I V S T W T H C E M
K N F O L T M Y S K V A H T I B E P
X B N I N Q C D H P R I C E E W K L
H C E Y V A P O W C O R N R B J U E
P N S U V G A R Y R R E P O Z C O A
J M N M X K U E F D U S Y I I E O D
X L A S C H E I F E L E V C Q Y C O
T L H U C F T L L S V O M A L R A V
U W O D I H J L Y Q M B Y P P V Q Z
U P J W V B S Y I A P B W A H Y S J
```

NHL STARS
Puzzle # 54

```
H A I L N Y B P E H S K U U K P E Z
Y W M Y W K B N E N I A L O T S I R
L K C F E H A H H T L A I N E E F E
N B S O E K F M L N T V S U U R L L
U L H V X M G E E X U E E V G Y H O
S M P S O M T W R X C H R O G B R B
X C F I V R I F S P J R A S M T B F
S V H L E Q B T Q D F T V S L X M W
D A J Y C T A O X U O W A E W O R A
M S Q P H M R R B M K Z T N E H N C
U I X J K C O A H R Z U G Z H U O F
A L F O I H W D N E S S J U T J S D
H E S Y N E K U P G J X X K T B S W
K V F W W Q S S G B E Q L G A I L D
D S T E E N S T J O V L I X M X R A
C K G M Y O F R U Y T X O E X V A I
I I Q D W Q T B Y D V E V L R L K U
C Y O D Z D C Q E U B K W N M K Y G
```

HOCKEY TERMS
Puzzle # 55

```
Y T A C E D I S F F O E L A Y U Q I
Z F W X L L N W T D O M Q B L C T G
H F P O B C T Y R G N I E E N K L M
N O G K O A M S W Y R T B M Q C X O
K E F R W N A R I S K R A M H S A H
D C Q Y P B O P N H F E U S L S M J
B A I H A I D N D O W V U A T M N J
W F F T D M X N E U Y O O O O V A W
R C Y C S G A N U L N G M Q X R V S
E F E S L H J J L D N T T U T E L E
M I H L K B G E O E M R A S S K F X
A Q O C G V C I D R A T N K P A I C
P R A R S Z S L H P V D A L G M B Y
Q B U P Y G O J E A L T A P Y F Q
U E P Q L G P Z P D E G E L P A J P
V Q O L J Q O X G S Z V C Z T L R X
N E D E D I S E V O L G H L J P E B
W O K B D K O V Z X M G F T H R X C
```

NHL STARS
Puzzle # 56

```
W V Z F X R T F H Z A Z I J P B H S
Y H W Q O C X V R A F Y W S Y L L P
N N A P O H S I B W R L F J E C B B
M M T N U O N Q R O N L L H L L I O
P A S T R N A K L K F E C G D W H B
Q R I O E J N L O K A I P N N V V P
E N U P K M E W O O E R E U A O C O
D E Q H M R J N O O I C H M Y C B D
H R Y T A E A K E R S O A S N L Y R
T V N C N L B J V B B Z T R J P R D
I E C T L L H A A A H N M I O S O R
V U E F A I H W P E C B Q Q S V A O
Z O M Z R M L N J S R O K Q P S S F
K L O R S H A T T E N K I R K G X L
C A G G S E Q A R W T M P N E R M F
T O B V O P A V E L S K I A D J Q E
X F M Z N L A R K I N X L B K U C S
E Q N H F U U W M Y B A C A T F S I
```

JUNIOR/KHL TEAMS
Puzzle # 57

```
I Z V K E J G A D G V O S T M H W O
N O K S V M C C I S T N A I G S B B
C B H G C G N J M T L I C F G G N Z
H S E C S R E Z A L B A R O T N O U
V L C N E E A Q K O O E R I I I H M
B A W N T Y Y C B C I S R E P T D E
T G I L E H R Z A Y L E T J N S M T
I H L X P O T O R T K R X E A E T A
S D D G F U Q N S O I I Z T K F G L
L D C J A N E E J A N F E T O C W L
E Y A X Q D X M P W G T M Z U G O U
D X T E P S P T K A S I G J S X M R
U N S G H F P I X E L P D N I W K G
V W I N T E R H A W K S Z K W O J T
K N I G H T S Q E N C O T L U Z X J
W Z R E K J S O T T E R S Z Z H O Q
S V A F T K Q K O V I D W P Z E Q V
L J L G E M X S Q M P A E O J L C O
```

NHL STARS
Puzzle # 58

```
Q U S N B Y J M A S J I K A U T I Q
W O N I R A N A P F P W W E T G Q F
R A T D H K D K N E E R G X R B B U
K X E L Q H K A Z T B V K J Y I Z U
R Y O U U I E R E L S E K J S Q F J
C E P Q W Q O V N O S L R A C U V O
R R N K U N L O V O Q M D L V P K S
E Z N H A K T J Z D S I G G E L I I
G N U M E N V L E V V N I W E M V N
E M G I R L C D R A W O H K M O A I
Z Y E O D K H E D M A N R O R N C G
A N H C U Y E C E H X N N V J I P I
P T O D A N M I E O B D H A A H O U
T S P W G B A N T C S G K L C X H U
O A K A K U P L C H Q B Z C R N X V
X T I E Y D Z Z B Y J C W H I J Z P
C S N A M K K I O A D U Z U Q E K G
Q Z S G Z E P Y I L D W I K K M D B
```

HOCKEY TERMS
Puzzle # 59

```
A Q X V N Y N W B S Z Z Y C U J Y S
E W B J D H O Z A W U X T D L V O X
K T Y L O S S H E A D F A K E C H S
Z T O I U D K C E H C P I H F D D L
B D Y C Z E W V O X D N E T T U B I
I V M B S L L Z I P N L Y D W L B R
B K V L K A M I X S A Q E P I Z L R
O V R L Y Y S Q N O H E K Z N S J M
N W R I S T D K G E T O C Q G G I V
Q G T K F S R D Z S R K O J C S N H
P J Y Y X I A E I W O Z H T C X G B
B S K T E E O S D S H E D O Q U O P
V Q W L H J B G L S D N E M O K J
O P U A L F C T G X I D O K F S N H
V Z O N S E L T S Z U M P O H A G Y
B G E E R E F E R C K W T T A M Q
I V O P Y G Z N T A I R K E M L D V
Z Q D M H D Q Q P A M K G E N I L A
```

HOCKEY TERMS
Puzzle # 60

```
R J U X V Z F F G B X Y Y E I T R Y
Y L J P I D P S J W U Y P H T O Q M
M Z B U P S S W U Y R T S I M E H C
T Y C M N V L L W J X Y U W E D O T
L N T I D H P A M A W C K R Y R M O
R B C F A N A T K I B U Q T L G I L
T A L Y N I L U B M G L J H J U C W
O D E X D T G E Y H M I T E W R E C
D R V W S R G N I X U M R P R P U T
N E D A H O M N O S Q T T O V S T D
Y M F L A O G N A G I H C I M M E G
B I Y I K U T O I P E P Q N F O Q Y
W T F C E U Q U O S T U O T O O H S
R E M Y A N G X J N H C T T A K N S
L N Q L Y T O U L Z O A H O W Z Q A
Q O I H L U O Z O A H O W Z G O A L
I C V W E D C L O Q V X Z H H P Z G
```

HOCKEY TERMS
Puzzle # 61

```
X Z L A X D Q I I D T P R P W E M I
H M L M S C R A T C H J P D T L Q D
I P B N D S F I O D C U T A O T V V
T U O B E V A N H M A I F I P G D K
B K P W F W R P W M G N N A S H X Q
O H D M E C E K D M E O M A H Q O R
R H E T N R P P D N D U U C E S B G
C X C M S T P E I X I C D H L H Y H
S N N L E H O L G D E L T A F G T U
V R E Q T K L S A R I C B E S H L I
J S R X O A F J P Y L J N D M Q A S
X M E N O Z L A R T U E N I J L N H
E I F G Y E S W L J Z A D S B O E H
X P R L D S C B W U T W Z T Y N P H
P U E Z B W W N H S I I M R J L I K
L O T L R X I G E Q D N U O B E R S
R U N Z F O R B S L A P S H O T S N
G N I W T H G I R I G T E S E V P M
```

NHL LEGENDS
Puzzle # 62

```
K H X C J M E E U B F B E F N B Q R
T J O X R J Y G E N N A L E S K E X
W B L C G E Z L I N D S A Y X K E N
I K G R A H I T L V V P M T S I K U
B D R R J V W T Y M A J Q S E P R H
C J H D E C G V T Z S G Z M N Q A C
B N I A D T U C R O L O M P O R L
Z H U K R C Z Z I X R M A E T Z C U
Z D E E A V T K L K M T H R R K M X
J B V D H F E G Y W A L O R O M A W
Y A S A C E C Y C S Z S V E H H Y M
T E M Z I I M X I B S H L A M W J S
E O F O R S B E R G F O I U I B A E
D F W F D L A Y X Z K R C L T W D Z
Q L A F O N T A I N E E H T C J U L
F Y W H J C D W U Y C L D H M V X C
D Y Y M C E M M U O A X U I X S R C
Y Z P I T V A J C E J K P V L D H H
```

NHL LEGENDS
Puzzle # 63

```
X G C L B D S D A O E J R S T R B H
D P K Z H Q Y W U A N G F R H C T C
W U G L H X R O B I N S O N L Z M D
R U B O U R Q U E Q O T M I Q V P S
V T P P L E O H E C I M Y I H G X P
X X V V L L A H G D D G E O L N E Z
E G A O X P W M R J O A R Y F I G E
C W Q I N O U O J N A R S R E O L
V M E S S I E R A I J T B N A K G L
Q A I H O P I T M V P N I W N Z H R
S S Y E S P O S I T O E P K C Y U B
W Y Y J I P Q D O O V R Z L I T O V
I W I N N C V I O P B O I T S M X R
F I U G N Q S L X X T C B T Q L D B
A J T L I P E P Q H A L E V D R J G
D A T B C N O E K E V A D V A Y B
R R U O A F L C U T N S U X E T Q S
M P G S M B Q A L S M N L O A F I Y
```

HOCKEY TERMS
Puzzle # 64

```
I C M S J R X J A U I X H A S C N R
B M Z U C O D D M A N R U S H O L J
R O S R X Q J J O B E N D E R A F K
W B N M V K O G R B Z E R O J N L S
U K L F N B J S D F R R C D Y N S Z
N D U A O A D K O I Y U H R K E I K
F R P E D V R S I P N U J Q S L G D
S O R C H E C K I G E B G T X L A S
Q A U Q F H S C R E E N S H O T B C
A S O A J H K O S Y H Y O V E V U G
T Q F N U R D S F E S A E R C B L C
G D N T C Q H Z Z D L S W O B L E E
L B O L I T Q P J S A E C K A P R A
F U E L M H D B C J S K O O H O A
T I V P M X H B Q I H Z G K R Z J T
V Z I A Y H K A R D T N I W G E Z O
D E F Y W U R L V C W E D R B Q O C
Q G A W R R E A E O B C A O F V G A
```

HOCKEY LEAGUES
Puzzle # 65

```
R Y H P K O N T I N E N T A L R U C
Z I J R G Y H A Z L Y M A A V V Z
V D J I X Y N I T V O E T C R B C J
U T R P Z H D Y X N R T Y E T K L K
I X L E F A S D E I F I W X N D A M
O N C M N W X F C Q Q E J T E I R W
S W F A W P Z A O D L Y C R C P E W
I Y C E O L N R E T S E W A U M D M
S K V A W A A L F T L R S L H C E C
V J Z H S Y T I A S H X I I I F O
J D P A X R I A O G S G L G C I T N
P V J L Z K O V T Z U I J A T F G T
A T M I R F N I F E S X X D P V V A
D V L Y I A A C N P Z N A A A V O R
M Z E G E L L O C U Y G Z K J Z D I
N G O F W A R R L H J M Q Y F K Q O
P S X N J D A D G M T M I W R S T Z
Q E E L V Z H F J C T Y V C U P E Z
```

EX/CURRENT NHL TEAMS
Puzzle # 66

```
A S P Z U A O K X G M S T P A T S Z
P T W E N A L C M N S R E G N A R I
J E A S I P V A S M T N U A I U E V
P K N L Q V L A D P H A O R V X D K
P C M N G M G U F L L G P S R P R N
J A H H U G K T H A I C P X A Y A R
E J N S I T K Q N W Q X N B L M
R E N O R D N I S I K C P D T N S
S U O R E K S S P D N R H O H F I D
J L O T H B E W T P E G F E E A M Y
H B F H S H A N T C D D W S P R Z E
P V E S A Y O O A G L O F V S J A M
I O P T R B Y T N P O O I L C O A T
B H O A H D O V U U G V I L I Y W Z
K R U R T R C Y C K V V Y K E Z V Q
S X F S S F N E K S E U Q I D R O N
J R D X H N L U S D L O N B D T S L
X X N B C O P R R R E C T K W W C P
```

NHL LEGENDS
Puzzle # 67

```
B P W B N M N D U E W G S Z S A R R
V Z Z G U Z V Y K H E B P F O G J P
G I G I C C W E Y U V M Z G R P L O
B M O R S W Y I E X Y H Q B D A C F
H L N U A P Y M A J R S Y N P V R
H A S E K N M B E T U S T I F J G
R N W L I O T H B C K H E A L A S L
A T Y F D Q J F Y K N C I S D D O O
R V P A D B H G U Z O T E T N X I W
S Z N L Y Q Y R G H I E Q N K Y L Z
Q O M S P N N A M R E Z Y S L E V
U J S K I R R U K C F L V P W X H T
H O A D U C G N O E F A Z A K H C E
B R N S Q S H F D O O Z O V E J D M
T U X K T O D R Y D E N B Y Z P P V
S T R C W Y K B T K G M E S J F X
R T L E M I E U X F H M Z W E D B K
C O G J J F C D U Y C F D Y U K T X
```

NHL STARS
Puzzle # 68

```
N H U K G J G V L C X P K X F D E M
T Y V V B X Z V L E Y P V R B I T A
O B P L E P S N M I H Z G S B M Y R
F N Y L L B S L B A K V P E U V F C
I F Q S E K C A B G C L W G R H A
R J E N T O R I C O I K T U N A P
A O Z F V Z T B X K G S I I S T D
G B D R A U W J K S K T H N S I W D
C Z U L N P B C Z E E O W W N P D Z
J S U U R A F R W D Z N H P D O T E
G A G P I L F A M N R E T W F K N X
R B I A E S X W P A E A E Q R C B S
J M O U M S H F R L L N I K L A M W
Z W R M S L I O E V D Y S R W Y F
J Y D O D G I R E D I E R K A R F H
I R A B Y W K D A Y B S O R C I S J
X M B N H K T T Y P U V Q T Z S T M
W X O C B B B Q Y G D W J R G A J U L
```

NHL STARS
Puzzle # 69

```
H T Y A O V R Y M J Q N H T W N R Y
D S N N E Y Y L C N R X A H O O M Z
H X D M T F K E S S E L C K X L E Q
O Z G A S L J Q V A A F N U S N B U
D V Z O L L H A B P X E O W Q G K K
T L V R O B G R E B S R O F W R Z E
R F A T W W K X J A I U M F D E I Y
F N N N E B B E R G E R O N A D W Q
V F O M B J C A E L N Z G N B I O J
A O R Y F U T Z D U E U O O R E K D
E L R E D N A L Y N H T O T C N D A
H I E E C V G H R D C R A G F H M D
I G P C H V T Q U Q I Z N U C N A
I N I U L C Z I L V D M I I G S N H
Y O E S D G U I C I I H Z N H W V R
T Y T I V O H K P S A Y T N A U I I
F T E P A E Q R E T U S B I N O A X
L G B A M M O R T S K C A B Y T F K
```

HOCKEY TERMS
Puzzle # 70

```
A Y B E G N A H C E N I L N W N O S
X X H C R O S S C H E C K B D W O L
F H H J I K A U R L E M L Q E M B R
U R E T N E C L N N V C G A V C U P
S E D U D Q M J T I N Z B A P A Z Q
L G K N E P M R R E M K U E J P Z N
E N F O R C E R P W N S R A G I E X
X I I C U I B N F D D U W N I R B J
I W L A C Q U K A Z X S E L I T B J
L P O E T B H C H L I L W R P B E X
G E O X Z P L E M Q T X H Z P V A O
E O F B A P A H U H Q Y E D I H T T
Z P Q S L A I C I F F O S T L I E E
E D Z R T O R E J N G V B H C N R L
U Z W S B G K R G G Q P A K O E P R
M E E R H T N O E V I F W A D T Z U
R L E X L M J F F H A V D R N E A X
O M X X X M K R J Y V X Q G S B R C
```

HOCKEY TERMS
Puzzle # 71

```
U E H Z F D D E T P L Z J B D I N B
S K O V H L X X F Y R C M Y Q K Y B
P W Q P X W A C R O S I U S W C H V
T Z I M D O M S K L B A H E Y I B R
U U B H L G R S A V E X D C R R W K
L D T S D R F O I Q H T L Z E T H M
Y B J X F O G D A S H E R W D T V E
V B H T G N E R T S L L U F L A A N
T X S E O I B A C K D O O R I H K I
L A D T A M V V F I G H T I N G L L
B S O U K D T Z G V R E N U E X V E
M H P O J J B C O V E R R S H U
S B P K K D Z U U K V I X P E D X L
D V L A G R Q X T Y L F R E T T U B
Z A D E M U I D A T S H G C H Y K D
A B D R J D N K M H G U F V G A U X
R Z R B R D D S G W S H X H I D B B
K H U V L T U P L Y Y L V S F D Z J
```

EX/CURRENT NHL TEAMS
Puzzle # 72

```
L Y H U R R I C A N E S V I K G N B
D E N A A S E I Y W N Y Q Q O Y X O
W F F A K H K D A S R E Y L F P S T
P D W U W S S W W E N W D R L H B G
Y O W R A M F W A I O E H W B P C K
C T C B P U H L E H N C B R G M C B
G D R O D Z C W K S K G J C S M W A
W E A S G P T L E C O C S L W N T V
S N E I D A N A C M F L A M E S T L
V R A G T U L N A B T T N L M D I G
J T A M H S L P L I I C S I B S L L
S Q Y T R T L G B P J K E T R E I K
O J W T S E B M A U C H U E U F U M
L F S V L J K C F U I J L K I O J M
O Q A E E O J M D M C A B Y N Z C V
U J A A Q N G N I N T H G I L S K Y S
O F V D Q D H L F W A N D E R E R S
S H A R K S W W W V B U X B C U F T X
```

COACHES
Puzzle # 73

```
U Z E A X X S L X Z O I W Q J Q X F
D G I N E I L U J K H I L A C T N Q
N Z N N Q X H C A L M I C K N R N S
L R T I A O N A N E E K A L P L A M
S V U U J S W A O W R A T U Z Y G M
O V G Q F T V Q G F J D L N Q N W S
N I X F A I R U D B Q A U B B G R V
N K U O L Z V E S T M M A O K H L S
U R S L J Z F N Q R Y S E W B C H X
Q E U N T R W N D E V W N M A Q K H
D S K O F B S E V O R T G A B K S X
U K R I B U G V X B O E I N C F Y U
W T Z C T R E I J E Y N O O A I Z
P X P T U N A L B D W D O J C M N O
G G E E N S N L I X Q M E K B A Q
I R D T M I A E P Q C T I W U N K U
Q W L G H K T W Z W L N I J J V I K W
P D O Z E T T E L O I V A L U W D Y
```

HOCKEY BRANDS
Puzzle # 74

```
S J J H A H B W G W C R J L A F O J
Q L U M K M A E J A Y R J B D G T K
S C P X T B A N O R C I M O I B I C
Q M O H E R Y X W R B G M Z D P I I
L R X Z B I M O A I C M R P A K G L
C K J R U Q N D O O W R E H S B S C
I W I L S B A U E R Q Q I L S O W
D I A I Y T K V A A A H M O B F G I
L V V J A R A O R F S C S Q O U E F
W S L W R U S D C E C T J M E G W V
J H T O G E O J B R E T O L N W A V
L N Q H G B C U E E U B S N Y L I X
X Y A S X P A Z L M P M O N Q F D Y
U N K G S S A T R Z Q M D K K B L R
B Q W N J H A I E U V M W M W O V B
C R U O M R A R E D N U Q V Y W K J
Z F L G R E A G L E Q X H L T F Z N
V O V D I B E Z E Y Y X F D D E O J
```

HOCKEY TERMS
Puzzle # 75

```
G L T E K S A B D A E R B R J C N E
O E A N D P H R A P F M A C M V D M
K O Z N R E U R K A A T C O I B U A
V L Y D K N P K C E H C K C I T S G
S P S W I A X G T V D T C X V W S D
Y T L A N E P L V D L O H L J T N A
Q B R E A K A W A Y M T E N N E P O
J B K Z Q I N F U U D J C L M P V R
W E R X C J S U U V U T K P E F Q U
D K O E F Y C P N T Q A T Y F G Q X
S B P U P L D M R T I Y H A Z J A Q
N S Z T M I G S H C N P L G R E Q P
U P W R C N N D X E O C Z Q R N X M
C E Y T O E W S T N O R F T E N F R
H M Z N J S H H N M H B S D N S D I
G W T L Z M D U S V N G I I X Q U
K D E I L A O G H K S O U P V L D K
M T Y J B N M O U T H G U A R D Q M
```

NBA PLAYERS
Puzzle # 76

```
L V Q D P Q P E D X V P V B X T E P
G I T Z J C X D B A C M D U H K Y W
V L B K S Q Z G P I P G I O R E H P
L S C H R O D E R W E T N U O J E D
L E N J H T I S J X N M B B O L N O
C S Y B J S M B Y Z A Y T J D A M N
X O R Y Q A I M U K E J B N M R U C
X R W E I K S M E R H A A G J L M I
O K O L G S S R T R P R N E O L S C
M C L R R U G G H J L K Y P Z Z V F
W I E E E A Y S G E O R G E H I L L
W R L V G T N A R U D N I V E K X G
T R Y E M S E M A J N O R B E L J E
W E K B O B H A R D A W A Y J R O C
U D A N N M G N I V R I E I R Y K F
R I Z S R B X U W U G J K M U X I B
G N F Q O P Z U H L K O R K L G C U
W F H G E Z H T I C B X Q W I R C D
```

G LEAGUE TEAMS
Puzzle # 77

```
T O Y F S Z T Z V L B L H U T L Y J
E V U T Y X P S Y V L O C S H E K F
F S L Z H F W X S R E P I V G U J
N W M X B A M A S T U U P G W E H U
Q I G W R N E T W O R A W G V N O I
U Q E M A D A N T S H D A I J D L B
D A U E Y O O I D M R V F Z J S L S
R I Z Y C A E P M R Z O V Q R M K D
S F D E Q R I D W X E I P F Y F C
O E U L B Q O N B N F H W R H D W C
R L V L R G G F I Y K X L A R F N J
B H V L I F W N Y M W N W I E A O I
T T S Y O P Z Y Y K Q K V T D V W J
M T L J B W E L A X S E J R C W U T
H I E S A J O I S X O H B U L L S I
K Y N P U N X I O T N E G R A H C L
R B O L J C V D W S Q U X T W M V D
B O U T V B B K U K N I C K S X J W
```

NBA PLAYERS
Puzzle # 78

```
A S K H T T E R R A B Z F Y A G X W
K L N I B O D V E E W Q E O W K N Q
J A Y L E N B R O W N T E X O U M I
L L B W D E P A U L G E O R G E W P
N E Y M F F D I R A N I L L A G Q M
F P G I A T R O S G C I G A R D E X
B A I S J B A O L N R W V L P S H H
Z I N O I T O I S O W S Y I K W G X
H H N A P F H T A Y F K E Y X A A
S P I E H S G C G E O V F S X A M A
L O S E I S W H U A R I T A T Q P N
E R K D A G M E A R D B U M X S O G
Z E D R K D H L P T R C W O T L G L
H E V L L M O L P O R Y H H H N N X
R M A R C U S M O R R I S T T H A I
K A H X T L K K M B A Z E M O R E I
S A Q T W C Y G C F U B I J D X Y S
```

BASKETBALL TERMS
Puzzle # 79

```
R F U J T D V R Q N G F Y M Z L A R
B E M Q N O I T I S N A R T H A R C
X H M N E M H R F P F H I D M X H C
K S H K S X C I B B Q F X F L A F X
G V S H J I N M W F Y E K E L Y B X
Q I O F R E E T H R O W M L N D Y G
I T W T B T B S Z V G W E B N H H M
T O J N I E R O C S A N M U K C P P
N H P E N I F P P M G J O O A E Z W
K S A M R N Z H L E O B K D U Z J N
D E L A Y O F G A M E S R E Z Z U B
G H M N A X R I Y R E S R L O S W D
Y T I R K Y H M M T V O P V G Q U
C X N U L V F A K T Q S I L S C J
N P G O Q N V G K C A T S R V H H V
Y Z S T F F T V E Y S T S T E C M U
X L D P E N E T R A T I O N Z F L N
R W Y F F X I L U N U B M X C A E A
```

NICKNAMES
Puzzle # 80

```
S I D T V P Z N O I N Q H R E L Y G
B S L Z B Q T H E C A P T A I N Y Q
D Y J R N O W G H G I H I I H E O G
C L R U D J B E R X E T O V G Q I J
U H Y T H N F E U J R O T C O D E M
A D I W C E Q E V A W O R C I M J
Z J W E U K E T U D S V G T V E Y H
A W P R F D D C O B R A B F I M M J
P B R R O T A N I M R E T U N K J U
L Y E O Y I S N L O T S I P S U F Y
C A D I L L A C C W Q O O G A E O I
K F T I R W W A R V P E X P N T U J
K T H E L O G O E E I A V F I M G Q
P N B K E A N F M O D X Y F T A A S
P Q B X O N C M M S N I Q F Y L D N
T N A M D R I B A M I N P S Y I S Q
G T H E T R U T H N G M S S Z Q B H
Y K S C U T G D G S D X C W W Y B H
```

BASKETBALL TERMS
Puzzle # 81

```
S R J Z G O D A V I D Q A F W S H S
Z D R I V E K L F B E P H E Y Z A F
H A S H M A R K G H O J E F Z U M Z
O G L B Y Q E I S S Z T W T H R E F
J M P E R C Q D T U C E D I S N I A
Q C V G D R A U G E V Z O W I Y U O
S K B E A E P D O C R L U Y W G D U
M P D I E A I R B A L L B U S G T T
J S P U G K C O L B X Y L C L U L O
V S Y X M K L A W R X E Y Y N T F
A J I A L Q A O L E Q R D F X N W B
E M S B P B N N F A T S O P N E P O
G N J Z V D E M C B U U P T R H U
T E O Y J F R N R J L L B D K K Y N
Z F H G E E O T O H L C L X V T J D
O Z D G E Y L U N P D X E A K B S S
O Q Q V I X L Q W E O J T N M G Y A
M Y Q G S F A Q O N C F Q U U S C U
```

NBA LEGENDS
Puzzle # 82

```
Q M V Q T O T F M L P B R A C G E P
U M E E P N Z O P Q M A P Y V O K F
W M C H S D H Z J I Y B O R R K S R
B O Z H J D X R C A M G B C M C D G
Q W E W A E E Q L Y M M M A E U H M
L X X F T L Y L W G O B L B Z D V L
B E W F X B E K R M V O G S C S P M
B N E E I N P P B G N A S H I J E C
X J R F K O K I N E P P I P D K V G
F D G D B S L I O W H I N M P G M R
C U K B Z T N Q T I G H O E E B O A
W S J T T R B X L N H Y S E N L Z D
R Z J I U E A B A G W E N R Y O N Y
Q F W O T B J N W H Z L I A C Y S Z
C F M G H O C V M W M Z B K N Z V P
R E I Z A R F P C L B R O B X U R T
O W Z Z Z G M C U J G A R N E T T U
A O U C B Y F J E N C B F B D U K W
```

NBA PLAYERS
Puzzle # 83

```
C L O I Q Y L G V G W Z M O O K Q C
Y Z Y W L Z G R I Z V W G W X P L Y
J R U E H O L I D A Y M N R U K D T
W F S F D L S O S Z Q B Y W O C Z Y
G Z I T P I C Y P T N A R O M A J L
L Z R A A A S B W D Q O C A D X C K
E V R K F T Z E F T U N T L D C Q A
E Y A J J T U X T R N F E Y Y L X L
T M H E A Z S M H I W I F A K E S
P J S T R E L T U B H S V M G X D Y
T G A T V P C Q H V A W N Z N L G B
R G I D F O Y R R B Z R K W U R A D
X D B A O L K K O B Q U L C O X V T
X Y O E C D X N E W Z G B U Y N Y C
G M T R R T I D U M D X A W K D T G
X L Y U U S Y B A R N E S T C K J I
Z N X N U V X L I L L A R D I V I M
P D X K Z S Z T H O M P S O N C Y T
```

NBA/WNBA TEAMS
Puzzle # 84

```
M G R Y G P P K Y M Y S C W R X G H
H N R X C L P C J J S L Z C L H O H
R W K M K T W A S D Y S K C U B F D
L A F O W L I N R E D N U H T O D F
J S T E N R O H E R G A E F R N N W
G R U H K T G H E K X C U T C Y A B
H E R X S G Y A S G K I N G S L G A
Z C C I G A M W Z D R L L N P G G E
B A P I N H S K K V A E L B U S T V
Q P B I Z J O S B Y P P Y S R G Z H
Z T H Z C Q G V H G T V N E S W R O
Y X A S O A Z N K W O S X Y L U E R
P J L E B N U Z G X R I C B A K Q L
O O U Y H Y Z N K M S K C I N K N N
X T T S E V L O W R E B M I T P K B
W H L P F V F I C R H A V R D S J N
Y V B A N V R G D Q O P B F R M Y Z
E D F W J T P P V H F K Q E J O F M
```

NBA LEGENDS
Puzzle # 85

```
L U J S T S F D A N T L E Y I U M G
T D O C L T S E W Y R R E J D F J O
Q B K G E S M N J J Y O W E Z X X E G
I G N C M N K O B M O T U M H F I V
N K T F N U N F L J K C O A G R Z V
P B U F Q S N I K L I W Y F V Y M V
L E O Z Z Y G J A Q Z Y G E R O R F
R N U D T P G H K L M E R V N F L C
E N O S R E V I P F R Y C O H R I
B I V K D T P H Q V P E R S W S B Q
X Z K O B T S N I D D I B B U B S O
B I R X I I D N T N E H M M J O K S
G R M K R T Z X Q F S J Z E A P C R
S A L A D A X D U W O B L D L H W P
C G F D X D G J C J D I I O K C N
K R X G N I V R E K U B X C X I G W
G Z R S K K C Y O J U W Q H U C P C
G N K C Q J H A V L I C E K K E R Q
```

NBA/WNBA TEAMS
Puzzle # 86

```
Q P N F B P B U A Z X E E Q E L X A
D U U A C P C T Q F O U S P A R K S
O F G V L P K W F W H Z H C O E Q T
V F G M I A M L D C R Q E S T O R M
P H E Y P W I Z A R D S P C O W O W
B H T G P B V E I U H K I I E X S P
Q K S R E Z A L B L I A R T V G O D
E B R R R L N E Z D Y P S L I L K L
N X T J S Y S T E K C O R E Q W S T
B Y R U C R E M U Y U Y E C A Q O P
H I L S E I L Z Z I R G I R Z P V H
A J R K I V A S N G C T L A X P R L
L A A W M T G Z M K V A A C Z U N H
O L R S L L U B Q N A K V F U F H R
Y X N S K C I R E V A M A N W S Q Z
G U Z T J Y N U J E X A C Z Q N M O
S R O I R R A W L L G Z D K A U C G
M O B O W Y I L Z N O O F D W D V M
```

BASKETBALL TERMS
Puzzle # 87

BASKETBALL TERMS
Puzzle # 87

```
W M B L A R P O R J T W K C O O Q L
T N X N H E F F O T U C O W L W Q O
L S J S F N O S R P I D J S V P G O
Z P I O C O U R T P M U O G C A J S
F C G S U D M O Y I A I K J A B E E
V P I X S N J R D C K Q C L C N J B
S Y K N H A R R Y M E Y A O Q J U A
W G F G M E A K B E I G V C I C Z L
I V O B H N E A G X T E E K K D L L
Y W W C G O K H K G R T Z E G K X J
K R H E O K B K Z A A A T R A L S T
N B W J I I H R G R I R P R W H M Y
Y K J W E Z C E Y D N T Y O O B Z L
X T P C H A M P I O N S Z O N E Q F
M E C Z E I U N Y B Q Z T M S I M X
T J E A E G Z Y N E K A F L L A B V
B U Z Z E R B E A T E R M B L M P S
R M C R J Y U C O J G X L Z F T M N
```

BASKETBALL TERMS
Puzzle # 88

```
D W F O L Q R E T N I O P E E R H T
Z I M T D Y L V Z U I K Z X X V D W
N B Z J B E K A F T O H S V W N O R
V A T H V G A C R I B E U F K N Z W
F C N M E O M I S C F B S C R E X R
H K E D D L A Z S E T S H O T E E M
D D V R O N E T E B K W P W L R B X
M O E N G C D O R H A V O P S C F D
I O S L J B F V F X I F F M T S N Y
A R E T R A U Q M C V M J Z E N F H
O E M P K L A O G D L E I F W E Y
I X A E N L O S E Z I A B T A O B Z
Z T G T O H S P M U J R Y G B D J P
P U K C A B Q V V Y A B G I S B X Y
U Q P O I N T S P K D H W O N F O P
Z T B U C D J G M Z I F O Z V J A I
V H H H D L U G K U O P K K M E B Z
R D A G G E R B W F Y W L O X Q P C
```

NBA PLAYERS
Puzzle # 89

```
S Q I B E I W X Q M H Y A W Z Y Q K
P B J L B V C D A N N Y G R E E N Y
L Z O L K S A N U I C N A L A V G L
S D O A H R O S P Y T H G T K D R C
J I J W C R I S O N P A R K E R O D
Q L E N U M Z X N J B Q E N U R L Q
E I S H M Y L E S T U R N E R A D R
J I K O T R O Q I H Z I K E E J R T
T P N J I S H V V T S Y H H K O A N
D S M N D R Q B P S C R C Z O N N Y
A X A E Q L B I M K E R E W O R O N
H D L N U P E I T L U U H X B O E Y
P B X A W V T P Y E S C R I C N L N
G I B K J H V T T O Y X Z L R D I W
I B A K A U F Z S C M M H U V O H F
A I C R A F B G Q S V B U Z B V W T
F S N A T R E B I A W N O S K C A J
J X M M Y A C P Q M Q F A H S A K H
```

BASKETBALL TERMS
Puzzle # 90

```
K X R M O T E N D L I N E Q N Q M T
F R L R I S L A I C I F F O A D M B
G K Z U E G H M M G F U O U L N L R
S C P C W V N O I S S E S O P O W T
T O N L R M O T R T W H E I E C B R
W L A M N S M N B T M H Y U M E B U
A C E B U R Y A R S P W P X A S T O
H T P E Z Y C M W U Q A O I G E Y C
X O I S W K V O N D T N S C D E F D
I H C T B A N K S H O T S U R C I
H S K O T E F H E C R N E H Z H Q M
V D A F Z B A C K C O U R T F T K F
G R N F R O P W R Y D R I B B L E U
D U D I G Y W Y J C V L Z O U S O L
G G P V K P V X R A N X E T A C C N
T U O E M I T S W M H N K V S Q I P
O A P R L K R T R U O C S S O R C Q
V K H F G W A C U S B C Y H Z H T R
```

NBA PLAYERS
Puzzle # 91

```
Y G T S I G N I Z R O P Z A P D Y Z
X L L A B O Z N O L P W P U S K E K
C Z N N A Z O R E D R S N R C I L B
G Y O L D X P M U L L O C C M Q N A
M Z K Q G F R A J K O L A D I P O N
U H K C L A R K S O N J A H N V C I
G Z S B C A R I S L E V E R T A L P
Q R M Y J J F Y K M L L Y L Z T S G
K A I M M T E G H F S I K R E U H U
T C D G I E D F P A A B M K O Y T Y
G A D F L C I V M B R N G I L K E H
U G L Z E R T N O M O R V U U S T F
Y K E E S P D E I I S A I K T N F Z
G N T E E L V N A V T N E S B I C J
O F O G G M R Y J N X R U F H M F U
O B N K C Y A N E T Q S R O V A F U
B L A H S R E K L A W A B M E K K T
S J Q T E Y D M G Y K B P O X U M Y
```

BASKETBALL TERMS
Puzzle # 92

```
D R I V D C B M F P H B U T S M D D
N I N G L O E B G N N O P R E S S L
G B W G M S E N W O B L E L G W V P
K L G C H V F B T M C N T Y J X G M
O P C H P P F U D E S A S H A O B R
W G S S D U C F M U R K B O X O U T
I M Y A L L E Y O O P E A L N N X X
P M R W R R T D N A U F J C A J H O
E N L U F H G N Q T I P I N T E L H
L A C I N H C E T B S V D S Z M T C
R B Q U D S K T O W L G E E M I D S
F N E S I A O L C C U F L O A T E R
N W D Z F N Y A G N M R G V A F K V
V B O P D L O H D P E L P E L V P
Q H M Y C N E G A E E R F Z U A B Y
L U X E Z I W W D D C J C W X H O M
P J K L Q T E K Q N J A N I G Y M P
I J D F V N E S U A B C M H Y B E Y
```

NBA COACHES
Puzzle # 93

```
V O U A G I Y A O J X Q Y E M G M B
B A P O N T Y A R T S L E O P S D U
Y Z H D D C Z V G S N O S K C A J D
E Q I U Z A Y E L I R T A P J O R E
F G L R D M N A L L I M C M E T A N
G Y J Y S T L T P U Z V E L D G E H
I X A L R T L V O A D G N Y E E W O
E G C Y W E E C S N V V A U W L K L
G S K E A N G V O I I H W A A S G Z
A J S P R M O D E C W E D D P I L E
E H O J T R V P L K S G A P O L B R
J J N T B F G V N N E P Y Y P R E Q
D W G M P P Z R Q U A R L G O A Z I
K I Y C S N Y D E R L P R O V C T A
Q R A V Q H W A R S D O K M I F D T
P V I Y C S T E V E N S Q B C Y S Y
N C W V N O M J F D U Z M W H L V I
T Y A E N O L A M E K I M C Z A V P
```

BASKETBALL TERMS
Puzzle # 94

```
P M K A Y E K Q X E M B T S R S M G
G E R O P F Y M A B C M L P E S U E
U Z E F M H D Y V C R O P G V Q E D
V I V J P O E G A M M I R C S P Y K
R F E O A H N L X A M S C N V M E J
I H R T M E O O B N L D P K E T H T
P T S H X Q D E D U F P D W T R C U
D R A U G T N I O P O D F F G A Y I
J N L T U A A R G M W D V B V V E A
B M E G L C X G S E P N D V P E F Q
W A M E O E Y H Z T N A R G A L F I
P C T V R N C I K S B E N O O I A P
C K N Z X C Z M Q Y U E N P S U D Y
Q U I R C O S F S S E R M J I M H K
D K F C G G P K G R Y H C A E B M
R U P Z R O L O C C U T T E R C K L
U V X Q A A S Y A L E D E M I T M
V C L O V E R A N D B A C K S G O N
```

NBA PLAYERS
Puzzle # 95

```
C Q U F I A T X V C S C S W A N Q H
M B G E R E T R A C E N I V V F F
A F O X D C K H S K X Y B G V C T J
A M H G E E I H O P T R L G S A Y R
Z C S M D V S V U D O K M I P C D L
W C Y T B A N W E G N R Z N I Q S N
D A I C W G N U D C N R T S Y C I N
Y B N I L Y S O U W U E R E A D N Z
J X O U K A N K V D W V H C R J N V
J F E B R L R Q M I N R F I R J E V
K S L G D K S C Z X C O Y A U F R Y
E V S B A Z I T D T D K M A M O E Z
J A V A L E M C G E E E N Y L L L K
I R E T N A K S E N E L A D A W Y H
O M L U B H L S F F H Y K Z M R T J
B D W M E J I R Q T C K P R A J D S
T S H U Y A R L S M D O H H J U N V
I E R X J O F Y S F Q V K W J X S Z
```

NBA PLAYERS
Puzzle # 96

```
R B W D A H R D P H I D F K V N Z M
S B G H W M W G P Q X X T M D T B D
D C A C N E E U G A E T F F E J Q H
D N Q N O D R O G Y R C U Z A A C X
J K Y A I V J E K M A R C G A S O L
H C T L N S I B F S O V J K R D H R
K I I D G Z Y N N K Y Y E O J V X
P D M R R V B Y G X Q N O J N D U Y
S E S I A T O M P T Y C L Y F V P M
O R V D M S N I L L O C N H O J I D
O J A G J D U K O Z Z N F V X R P J
E J F E R H N G H S N I S U O C V X
H A A N S M A D A N E V E T S T S G
F B V W M T K Y A I A R I S J W N E
K D O D I D J P W G I C U P B N O O
I J W U T X I D D A M K P A D O O Y
Y J D P H W Y Q O T R A H H S O J X
Q U M A L H O R F O R D B D J M T M
```

NBA LEGENDS
Puzzle # 97

```
I H B G M R J G T G N X A L U K L L
C D A F Z J K I I A I E P W R R Q K
G M X E S V C A D N E G R I O S Y M
B R G H C T R R M Z O W D L D A G H
M Q A G H Y O Y S B X B V R M C D D
V Q Q N A J N C P E J I Z A U U N
A W S E Y A H J K R C N S L N L D W
V E E Z E L A G Y T X T I C I Y D H
C J W G S L J F A S O Y A D W R J M
K G R N Y E P J O N H N H Q O R U Y
W Y I R R S N G Y R S A T T F E T X
L R C T N S D P M R K K H J R J G M
J T K X M U A I B R O I O I W O R N
O X B K K R L N J E W M M E Q G W R
J B A H K L W V L P G F A N L N E U
E M R E E U P D K D L E S N U S E W
J B R R J U W U J D Q I G M C W C C
N K Y T E B O K V S X G L H B L X F
```

NBA PLAYERS
Puzzle # 98

```
Y E Z B W U T S C H T I P L D T J U
U Q Y N I A J B K Z L V A K R O P H
S E L G N I E O J U S J M Z R A T V
K R K U S P T R E B O G Y D U R I Z
S L D H L V K E X L J W A U A P Z S
H L R L O D O O H Y E N D O R N W C
R T T B W U N D N O M M U R D E V P
H U R M D P H Y J U W P B V N A P F
A C H R I S P A U L D W S I N J Z C
D U D P U J N G U Q R B V T I P Z J
D V D A B W O Y Y A B A C N F D T X
Y V M Q E R X D J N L U Y W F R A G
Y U H Z G R T U A A O J X F I O O A
V C N S N O D R O G C I R E R Z Z V
U W R W P C L H A L A D O U G I L U
I N E D R A H S E M A J I C R E F W
T Y R E K E E V A N S B E A L R H A
F U C D E L O N W R I G H T G C X X
```

BASKETBALL TERMS
Puzzle # 99

```
E P H I F N I L P Y H B N Y I M F Y
K Y T R U O C F L A H S E L Q S M D
L Y T O H S L U O F D Y Y Z T I A I
K E L N B S X I W Q E J A P C D D V
S W D L M U S B H S P Y M T W E E A
D N U O R A P A R W Z E A S N L S E
Q E U Y O F O E P F T M N O O I H P
Q X T W B F J K G T I E I P I N O I
B A X P I O F S A S S R U W T E T P
X A A M B P R B M K K E O O O S P S
E L N W R I R A A W U B H L M V R P
F C Y G J T T U O L U O F C B E A U
C G P V D C K R L V L U E T H C C D
V F F I H S Q W W M N M C G B T A
D Q V T Q K H O D U S D A A B W I L
V N C S A D J U S T M E N T R T C A
X Q O T E K Q P D O L R B J O V E A
K C S W H B K P S B O A Y Q D J O K
```

BASKETBALL TERMS
Puzzle # 100

```
J A X W K D E S C F O U L L I N E B
D B R M Q N L B F Y A X S S E K E D
J O E X V A K A E R T S T O H G S H
I M P H M H D E F L E C T I O N E L
K H M D H T C I R J O W V B B P T W
T C U R A O G D O N T V X D R M P F
A N J N A H V T T A B U B B L E L D
K E C Q T D H E C W U P S F O N A K
W B B I C R S C H C I Q N C O F Y K
I B N L J T F U A V E R T I C A L G
J G U C E V P W R O S Z S Z S X W L
K I F D K B B K G O C S X F J I R U
U A E T R A J N E V E S F O T S E B
I L L O G E K R D S P T Q R U Z A V
A I D J S M O T S N Y C X Y U S Z F
V C B X T W U O W A U P P K R Z Z
U E E K N Q P Q W W S A T E S P U I
C M T I Q O V P T L C U T C B E O H
```

SOCCER TERMS
Puzzle # 101

```
Z B M B B A G B F F C S E C H K S N
E F E G A P A X P D J A I P B W H Z
J U Y B L L M X C R O S S B A R K I
H D Y J L A U D F H G Z I F P N T R
Q I B P G D A I W W Y N V M L E X F
S Y U I D F M H X C F I W U L X B
A M L J L J O S I S L V D V A P O L
P I C F R N T F W X M R E J I W A C
F O U O E R D G G W A R R A Z D V X
C Z U J O X A A N U H F E G W T T O
L S R H Y O K R G E J I E I A O E I
O J S U T P Q N K I O N K L M M A M
W O E V F M I U F D L K O S H E I O
D T V R T H Q Q I I V A E E S K R D
D C O E S R E N I A R T L D W F H P
L N L C L E A T S X V P N N D R F J
B Y G Z M L Y I A N R V W U T E R R
R V K C I S B K G E H W U B R I D F
```

PREMIER LEAGUE/EFL
Puzzle # 102

```
S R F W S W G B R J M I Y J N U Y I
B M S M W V Q D W K U K Z B W O D C
E L G D K U I F M A H L U F Z I X R
F O E M L G Y R K P T U G V K N B T
G O O L L Q B R E N T F O R D O O B
S P H Q T U R G I O V Y O N O T U L
G R E N M N E X Y X F I Y R T S R A C
S E J L Z J D N O T R E V E D E N C
V V J W W V D E T I N U N A M R E K
B I R M I N G H A M J H X D O P M B
G L A H Y E L S N R A B X I L X O U R
D X L T E O L H T M H H M N H R U R
F C R A T X E U K L Y R R G Y D T N
W H Y S F M E L T S A C W E N Q H A
M I I E A G G O C B R I G H T O N
C R B J P E D U X G D C D A M T E G
B M P H D W O L V E R H A M P T O N
I O U W H E X X Q T G Y G I J X H R
```

GREATEST ENGLISH PLAYERS
Puzzle # 103

```
P I Z F I D N U W H A V H O N S Y F
Y M B J L A Q N F L B A X C E A H N
Z Q C V O F R E K E N I L O B S I Y
C X X F W O N W D V U F W Y P C R Y
M U Z F E M O O R E W U Z B O B R W
K K H M L A M P A R D I S S P R R D
O E U B O T O Q R F M I C S E N T W
S U B N C T M E R C W I D T A A D D
N I W S C H O L E S D S E N R A B F
X Z D H A E Y Q G F O N S L C J I R
N O R G F W F N A G R E A V E S R V
Q A K M R S R E L Y N O T L I H S M
P U S L U O D I W G P O P D W E U R
M Q Y Q O Q Y A G J Y L S L J A X F
T W I N H M W M A H K C E B T R X U
D X E D I C H A R L T O N Z O E Y L
O Y Y V J J Y W T N V A M G V H R A K
F Q N S G W K Y Y P V V S N P A L M
```

BEST AMERICAN SOCCER PLAYERS
Puzzle # 104

```
Y D W H H P T W D R T M L V U E O E
G W U Q U P Q W F X Y E R Q E A R J
T X G F W S E R R E A R R L Z A U U
P Z E K A I J E L R E G E W G Q K J
W S L B O L T S M A G D I L Z J D Q
Z C P Z X F A C K B E Q A Q L S Q B
D E M P S E Y K R I P U N Y I E W M
F Q L W B F F O R T N H E R A N K U
G K J Y G Q R F B N D L U E P O P T
H K L N O U D A R K O I Q Y P J S F
W H D A T M L D A O G D O N O V A N
T R R L I B X U D I P F J A R G R E
A Y G D O J C E L V F X L C A D D X
O D R A W O H A E D I R B C M U Y Z
G Q T N L X C W Y M K K P V O J K W
T M P U Z O N F Z X H G I P S O F Z
F V H K Z B E K M A K W R T F J N A
F J R I T V K M T H S M H P G X F L
```

SOCCER TERMS
Puzzle # 105

```
M W G T O U C H L I N E Z L T M B O
T A X H K J J S U K Y V Q A G G C Z
H K R A C F Q U A K W H C E Q J B M
P B P P I R T P C S I K P G I U M B
Y W V M K A Z A F T L T O R J W Y P
T M V U X T Q Q R E D Z H A I U W G
N N Q J V U F V J T C D F H Q A E O
X V R P Q U M W P W A R O C P D W R
J Y O S E D Z Z F F R L X P Q D G E
Z J D R A C D E R Q D E A D B A L L
G T L B E G N I L D N A H U E Q I E
T D K J K Y Q Z F A C G Z Z V P G G
N L W F I J R X C M Y U N G W G U A
G K V D R A C W O L L E Y S U P E T
U Y Y B T T P G O S Y K O D G E O I
T C U X S G S D G N U P E N R K N O
O J J F J A R O K D P C C Z S J E N
K Z R N D P Y L B M N K E L O B P E
```

GREATEST GERMAN PLAYERS
Puzzle # 106

```
J L T R W H U B Y U J H O H R Z O N
R Z G E Q Z R L Y Y G R I A K Q X E
J H H K R E G G I N E M M U R U G U
P A O P I G N Y G L K W N J Z Q F E
J C T T J N Z L R E I A M V S P R
Y T N O D M A U O Y H Z H I U K K G
Q E A S N R M O B T Z B T K N G N O
R E M M A S S U E R A R Z O Z B U A
C M I P N C N R W U Z W D S R M D R
V Z R V S Y I K S L O D O P S T L G
Q V W K E K L O S E L I Z O V A Q A
I L F B E C K E N B A U E R X K W P
O J J V J A E V W E H C D F J N P V
C V A B Y L P H U M M E L S S I S A
K L R E L L O V U F Q B H Y D K J J
M A T T H A U S P W L A Z G B S U G
M S H P C B B K V R Y Q B D I T A R
N A W N G G D G M N Z O A Y J R P X
```

SOCCER STARS
Puzzle # 107

```
A F N E L Y I E U Q I P D R A R E G
I R N J X M O J W Z Y Y O E P I Z D
E A A E C H Y I R D S O K H K S Y F
O Y M A S C H E R A N O U O Y B K R
B T Z T L G N A Y E M A B U A H E E
Z Y E D A F V N Y A B I D L A A M B
B D I Z E Z Q Z Y S Q A V C V E D
I A R E I P A R O S N O L A X I S D
G K G M V N B V E C T I L I B T U O
F T A J O Q A M C C S N I X S G T K
Y J K F R B L B V O D E V J A R O Y
Y P F V U C A S G U A U D Q G A Z P
G U R X T K D A T R W S I F B U I D
B M F T R M I H B T K H V Q T T L Q
U Q Q Y A H V H Y O B T A H L J S T
D M A R T I A L Q I C H D M E Z X U
L K B P L Y D J J S P H M A C U C Y
L A I R A M I D L E G N A G Z B V A
```

SOCCER STARS
Puzzle # 108

```
T L D S P N A O D B R H O O L H S L
Z I Y V L U Q Q T S A S Q D L E A I
C C U I N G A W R R I T W R L K N R
N I A U G I H G R Z Q F V A Y A E O
D T M Z G B A Y V W Z V B Z V M Z X
U I J C A R K T O H I H B A S H K K
U K Q P B A L U S S T O C H E Q A N
W A T C N H I Q V E C S B N R R K B
B R F E R I B E R Y I A J E G V B A
P N F S I M E A O O R N R D I D I V
K A E K C O G E K E D C I E O M L B
B V T H T V N N P J O H L G R J W I
J I P S G I E Y T P M E A K A E I Y
R I H E O C T U Y A A Z V L M W H I
R X S Y T C A R Z T K B V V O G C V
R F U T O Q O B E Z U X M B S F U D
T W I T O Z B E O D L A N O R J B O
R M W I Z A R D I N R P M P Z D G G
```

MLS TEAMS
Puzzle # 109

```
E S Z I L W J G S S R E D N U O S P
K K L T S Q D P L E L Y D A L C X W
G W A F I J O H H K N L C E X M U I
B V E L N R G U R A Y U U Z X L Y A
B Z V K T R D L M U C U N B N H N X
H W T I E L T O Z Q F D I I D O E J
C Q N C R I A S W H C F T L O E X Q
I G L F M L X S F T V G E O W N R Q
B L R B I H A O L R Y X D C K A S W
V J E G A C H I C A G O F I R E H P
X R K X M C I O R E E A F F V I M B
S C B Z I C M A E N T R L G T Y C Y
K Y J B E X P O W N S N P E P Q W F
H H X K J L A I A L D V C Q F F Y M
Z V J A N H C L O K I A D R M B V Y
R E V O L U T I O N P Q R S F W L G
W S F C D A L L A S A U P E Z Y M H
H F D D R Y G T D C R H B L B Q U I
```

SOCCER STARS
Puzzle # 110

```
Q C V A S A L Z B Z K N H F G J K D
I P Y F Y A Y A T O U R E M Y O X I
Y V T S T V Z B E N Z E M A N K K E
C W G U Z N Y L L A B U W R R S I G
C O H D E A Y A F I J J F C W E G O
R H O Y U C X I H L I S C O T V G C
F N A W Q D F D J L Z P D R W L K O
I I D W I L C R W I O N V E N A P S
R T V Q R P E O E W A V F U S L V T
K U T A D D I D N W Q Q L S Z E B A
U O B A O J K I E Y F I U O R I J G
J C S I R O L L O G U H S C L N P L
S Y J D M R H T Z I U L D I V A D L
K A O P Y M E R I K S E N G C D W M
U P A L H H A V L I S I D I V A D Q Y
W N E U E R B Q B M E Q L G B B F S
Y A L R Q U P W O F U W C K G J X Y
M K Z I U U B I N F G H U O H W K A
```

GREATEST BRAZILIAN PLAYERS
Puzzle # 111

```
W A Y W S O H K H W N E Y M A R K K
X O U S V S H H Y H R F G O E O K K
Y Y Y C X R O N A L D O H P L N T E
T O K W P I B S I V A K M M Q A U G
J V Z R I E O C I Z Q L T A L L I J
M J T O N I L E V I R M C H R D D B
N B D D X C Z E E N S I E Z X I H D
R T B L I X C C S A D C A M V N O R
Y I Y A K A K C I O A G E J F H Y W
S D D V S T P L K H B J S A L O T J
B Z V I O O B A C V P C E N O K F W
O T X R T M O N D L U F A C F Y Z Z
K R R E R K I M Z Y X E T R H P L C
E E B C G R O D P I J O V L I M F
S E T A R C O S I M T O S T A O I I
B E C A A V R J E D F R O P M B S D
H D G L K J A E R I J R A C V C A U
M P W O F P P L V Y B W C Z W H K O
```

SOCCER TERMS
Puzzle # 112

```
V Q J M Y M R P Z E U R Y U R X S L
O S T R I K E R M Z B U J U B B D W
N W N P F D C T U V J R K P M W L W
Z E Z J X V F A S H I I K Z V P E A
H E O X L O S I B U L C R E D E E F
L P Q F M E S A E G W O B A R Y H Z
R E G A N A M S D L N F V K K O K E
F R K P F E F F A Y D I E U B C C N
E Y D K I U X G S P U E W F V T S
H I L A R K F O W D K T R U F D B J
G M A G G W C A M Y M C U L B R Z U
N Q N M L P W L Y W T F A L H E G U
P F Z U Y U B K E W T Q L B C I Y S
G I V Q Z R R E K C A T T A A R P S
G Q G K C A B E R T N E C C O R L T
O G H P G A U P B S B N H C U K C A B
P L A Y M A K E R S V G Y P O C Q W
X A M W P P B R D F W I N G E R O E
```

PREMIER LEAGUE/EFL
Puzzle # 113

```
D L E I F S R E D D U H K F V K Z I
T L L Z N G S L V H P C W T S Q Y W
B A C B G N B E C H E L S E A P Y W
T W S N O T T I N G H A M M N E M M
V L S F T J W C C T Z L V A L X F M
L L E K U M H E A L L I V N O T S A
B I D K O A K S K J C T R C E L H E
P M F R O H U T N S G U I I I K R Z
J O B E X T Q E O H B D A T B P F B
M R J C C S R T L A T S Y R C D M
P L Q U E E N S P A R K P Y U L P J
G B E Y D W S D M N Y R T N E V O C
Z D H S O F N E A E O S V I Q D J R
Y N S D I E G E H S G R F U F K L U
O N K F Z B X L T R W F W F Y F Y V
W O U U V M O D U A E F F I D R A C
Q W N X V U X L O H F Y W H C U R A
I P Q B L U T P S W A N S E A H N E
```

SOCCER TERMS
Puzzle # 114

```
W R M D M J P P P Q P W I U J P Y N Z
Y E Z L J O E R N B F T E F W R X I
L R T I V K B D U A Y N T N O T F K
O Q S O B M R L R I X Y A V H W U J
Y Y Z I S W Q P Y R P X M B C D A X
V Z K L Q E O A M P H D M D E V W T
G K K W P S T T M C G P A F N T P Q
U W S S T H Z H U O A Y E E T K R N
M X O J R O S O D R T N T C E Q V C
C O L L L T T G V N D A D U R K D G
J Q P A X T M P D E E B R L S O C T
Y M I F S S O L R R C A O W P C S T
N R I R T T H G T K F L Y A O P G S
J G I F A O U Y U I T L F D T N Q L
R F O L T S N F T C N B U B G O B M
W U Y H S Q G W Y K F E L B B I R D
L L A B T O O F Q V W N I W J S Y K
L J I S P C C A W O G D N A E V I G
```

SOCCER STARS
Puzzle # 115

```
P M F A K X O U F B H F R S A R B B
H Q S J H P D W L A H D L C J R V S
E Z C Q N B Q D A V I D D E G E A Y
T E R S T E G E N E M W C M N B S V
X R E L L U M M G Q F I R M I N O J
A A G K F F P O W N M D O N L M O S
T U Z Y N V G A W O K I N E R G R T
A S U X L O N R V S Q U C Y E V K E
V S T I D H A L A S L T K M T L I U
M I Z I K E Y L O R N A V A S N N Q
U U N S A P L B L S W M E R K Z O S
F L V B L I N I L L E I H C X U T U
F V T G S E R G I O A G U E R O L B
Q I U A C F M S V M R Y G E S C N W
B Q C M R Y I M E O I S P V B X Q X
P E U D F K O J U A N M A T A I T P
U U Q O W V H E V H O J C H I D F T
N C A L T I I A X P K R R C E Y J O
```

BUNDESLIGA
Puzzle # 116

```
T C J B L W P M L I H O J O R A J V
Z X L Q D I A D G F J D D U N U H H
H Y H O G R U B I E R F D H T T E H
W O C M B C O J Z I W L A D R L W D
Z B B S H Q G I P H E N T U A U C H
J C C H B S T D I F U O F W G Y B Q
Z V G M A A U K E I K K E I T X G G
Q X Z O U O H L L B N S H Z T H A F
L U S N G K E T S A S T I K U E D W
C E G C S I A G R C M A S N T I O B
L R V H B D B F H E F V I B S L R C
V E G E U N N A D R H O C J F E T Z
Q M B N R A L Q R V N X S S M E M A
P Q N G G K N O I K V I B E U D U D
Z Y R L E I U W K O C U N X N B N K
Z N I A M E Q S H C R W N Q I D V
Z H D D N R A M E G F E Q S C E T V
T G A Q O M I E H N E F F O H K R T
```

SOCCER TERMS
Puzzle # 117

```
E J J D Z J W A G O A U P S F J Z E
W J V L T L G Z Z H W O A R I U C L
R E G N I W S N I R A J R R E I Y E
Z E D I S F F O K T R A T S L L A R
P D F I G S W I S A D E S E D T L L
B D F A Y K J T V L S B D N X R P V
X K A A U F L C P E W P F A X O G T
G L V R C Y A U P F L I E M E P N G
P A X T S O P R A E N R G O G H I X
O P P O N E N T B I A N I T O Y W I
V R G M O S V S X L H Q V N A A R D
K P A Z I Y V B A H E P S A L N Q K
S Y Z N T X O K O K Y P D R M K L P G
E S Y V I N G O A L L I N E I G X X
M Q W C S J S B D G F F O K C I K Z
S W H D O Z I C X P G F V L K O P K
S Q P G P U F G S N F H D L N S R I
U J E S S Y B S Q S P Q R S R F G D
```

SOCCER TERMS
Puzzle # 118

```
S W O O I O Q U I D D W B N L E H Q
E W N I W O R H T I Z T E J J G Y N
C A S B E G C C T I Y X U V X C A G
S Q G S O U T S W I N G E R B S X H
B T O S O T H R O U G H P A S S D J
E C R T P S P D S L I L E Y C S V L
R W E J E O S J I Z G R S E A Z M M
T N F Z N P F N M K A C N L K L A K
O S E J G K G Q Z Y T V E L T F P U
J S R V O C Q X T K H J F O S J Q I
R U E H A A T L R X K D E V S J Q P
F B E C L B A H D B B P D X A P X D
F X H Q V N W O Y C O O E N P U E I
Q K Q Y E B I S W K D T N U P D B M
U O P P I T C H E H F I O Y I Y R O
O K M A C O O L N V T R Z L H G U R
S L C V H F H B V U A V S G C G H S
U P O E G A M M I R C S D T B A E X
```

SOCCER TERMS
Puzzle # 119

```
Z D S G Z T A V B J Q A I F W A X Y
V G N T E A S B Q O N A R Z V N U O
I N F H L O L F K G J O B N G P E O
T I I R O D A W L D H Q H Y C O C S
Y K C A A W I E L B M A R C S S N O
Y C C A A Z C E P P J T L D E S C N
U A M L Z G I N J U R Y T I M E J H
G R L J C F F Y G R Y I I M N S M H
N T B P D L F Z R B N U T B H S F K
L D M I T F O R M A T I O N A I E L
H P M S S E T S T T D Q W J L O A G
G L A N O I S S E F O R P X F N F Y
W R R B N L L A B D N A H D V L O M
M P K F B Z N C S C O R E B O A R D
E M I T A R T X E F U W X B L W E U
T E N I L E D I S O U H N W L A B F
E T G M V H E M H U C Y D E E G I F
D N R E D T D G J E A L F I Y X L T
```

SOCCER TERMS
Puzzle # 120

```
F A H L R X V F F A E W B X A N A O
S U B S T I T U T I O N P L Q S L P
R I M N S L H P Z Q G N G K B X D P
M J I T I F A J H A V F U L U A D L
U E N O S S S U J K B J X G J X I U
F N Z Q S F F O Y A L P X Y D B W M
C I Q M A H G R L V F P D C M X N E
J F R O D N O L L A B B Z V Z Z K S
B S U V W B B O E M A G D A O R A J
T N U P E O T X T A L K B E N C H D
X D S C Y A U T G O I Q C L N L O S
B B B N D X Y K O W U S H U T O U T
A I T N E M A N R U O T A N D S Z A
O W B U F I Y H T Y F U N Q M F W S
C I P E N E T R A T I O N J I A I Y
I W N I M E M P W B S C E G Y K P N
T T K R I K C U H O Y S L H M E S M
N R Z F E K S J T I B V S I L R G Y
```

TENNIS
Puzzle # 121

GOLF
Puzzle # 122

VOLLEYBALL
Puzzle # 123

LACROSSE
Puzzle # 124

TENNIS (Puzzle # 121):

```
L V N X G G U I V B M V F Y H M C A
Y M R A V O P A R A H S W V T Z I H
F M A D E E D E U C E D A A R X Q N
D N C J T D O Y I K Y E D N A R O P
O O Q T Y T B Y K H R V V V E E B Q
B U U Q E Q J V N A B O A R R R R Y
O R E B E I H C W N K L N B E I E P
Q W T O L L F J I D Y S T N Y S A S
R J S S J E Y P U V R P A F D N K Y
P E H O S H S A M S O S G F R N P G
T W A K C P Y X C S L K E Z W V O N
S H F Y O M Z A J C T D O L M C I L
D Y Z T U G Y U R F E B A J G R N X
M R H E R L W B G R P I I Z D N T G
I Z I S T C T H E L U N H U A P I G
Z C M M E R T R N A J M T D G E N S
N A M W T D D R Q H P S A M U P E Q
S C B M T P U K R O M L F Z G C X F
```

GOLF (Puzzle # 122):

```
G S Z P Y A S C A H O L E A C J L O
D O Z I B N E E R G V J G E K A F X
M O T F W A S I V U Q A D N T G B T
P G W V T S K N O O Z C E A W B I W
A U Z W T S T R M R L Z W S W R R D
A K T A I P X D A T O Y U V O Y D N
Q H V T G K X P O Q E A E N W C I A
E L G A E Z A W I V L W U G O L E I
U S O G R R U X Y K Q R S A O U M Z
C Z R Z W C M M C B B I M F D B K Y
H O X U O J S I C B N A S T C V G F
H A B P O A N P C U X F Y M R E X M
V H J O D C X W G K S X O G N O M U
F Z D T S X E A Z W E R O F F U D J
P K S N F O S K J O X L K Y P D N I
M Y H D S N N L Z I V H S N J D S X
C M V T H C U J W L F J Z O P W M N
T V V G X X E C F G X C W E N U R B
```

VOLLEYBALL (Puzzle # 123):

```
W R H H R D C F L L I K V R L H X K
L U W C K I Y E D L C Y F Q A Y H A
B S L C M M H Y V A T N E R U D L E
U N Y J Y P Z P T I N I T G J B B S
C E T Y V P P T H G D W U X Z N X E R
O F O R E Z A Z R U I K C B O I L R
B C H Y U T F C Y U W D U M P M B V
V N S W I W L Y E T O A K L H R L E
J O L W B L O C K E T C G C O R Y B
P Q L K O Q X Z I E T O A B C J E D
H R O L D J M J P A E O W T U Q T C
Q T R Z E Z J F S O R A X M G X H U
A T S W Y X S Q P I F P S W C D F
F O A U L T B S P Q X S X V J E U E
V O D N O I T A R T E N E P F B T V
O L Q E E J N P L R Z D H O J T X J
D A Z A M T M G V L K W F J R W S U
U B M I I Q E T Y W X U N P J M P
```

LACROSSE (Puzzle # 124):

```
H C Q M M Q M L Q G P H B Y A V N H
W F D V H H J B K C E H C Y D O B I
D S M J R D C X S O B A Q H I T P M
S K Q Z K F V V M L I C S T I C K B
V Z U G K R E M T U A Y I S G O L E
E K Y U A R O M O O J S O X A S B X
X X R E W D L E I F N J H B A P B O
G T L F D G E V B A L L N I R M V E
V C G V W A V L R T Q M M E N K X N
J G R E K C A T T A P W D H J G E K
D C V E S B L L F T T L V C B O G R
C A R L A B P K O O E D J F W W R Z
G C R D U S R D Z I E S Y K I L T R
Y R R A C I E V F Z C O M V P I O Z
P O S R I V O D O N U P Z K T P O C
P O O C S E I L A O G W S Q H Z U X
U P U N A M N F U H F D Q U C V B P
H V C V U X Z C J L G N A J Y X R H
```

RUGBY
Puzzle # 125

```
S P O R P C E U R A I B F M V A X K
N O K F G G P P H A X U I M L D F C
W I Z Q B X U F F R N P Q D B R I A
Y N V H V R C E G C W W A U U A E B
A T A C K L E P V H W I F W M C L F
O L R X V R G V W P Q D X J E P D L
Z Q H Y F A N Z D Q W G G D E Q W A
F T H X U L E A G U E O L T S K T H
J O H A H J L R W R K A R G I F A Z
V N Y Y E U L Q B Z R L W T S I F D
Y L W O W Y A Q T Z V L G T N O H N
F P W O H X H Y Y U T I A F Z O S N
H I L B L T C S Z J U N I C J C R N
D S Q M D W J U I H D E B H E A L F
R D J X W O R D N O C E S F D O L Q
K E C O U G G C F F F N O W C K Q B
P D R A W R O F N O R Y E K C A B O
D A E O S H G K L W G Q X B T N N Y
```

WATER SPORTS
Puzzle # 126

```
H N I L R C P S A C Y D K D J S Z P
H Y Z W H R Z G S Q K L I G Z W Q T
S K U L O C H T E U H N I U T E G I
A W V M Y G G N I C A R T A O B L O
S R I V K F N R F P G N I L I A S Z
M F G M R W I I O Y S G U U J K Y X
E I T P M E E L W D D K S Y R A U X
N X R G F I O G G O U D M I F Y D P
H B D N C P N I N N R H I B G A L O
A H G Z R B A G I I I Q W H H K C H
H I R E I T C U Y E V H S R I I B Z
B T T R I A T H L O N I S U O N A S
M A Q U A J O G F Q B V D I C G G W
W K I I M Q K P O O L H D E F D B C
V I Z J V H R P Z G K U E F S F R P
G P A G H E K X D J Z G E T K R Y V
A Q Y G B J R W Y T M I W S N I F R
M W D X S P L E H P N H X F B N D U
```

MMA
Puzzle # 127

```
P H O F V A J V Z U U O R U L P E I
S T P I E R R E F K T F Z T A M J J
G R U A G B U C K C Y M H D X J V V
K N O C K O U T T O A K X J A A W U
H M E U R O P W V L H H I Q N N N S L
Q C V T S E O S S Y A C M S N H S U
N K Z V B E P H T E K N A L N P Z O
B M X G Q Q Y P N K P U O K Q J E R
P D R A O D G Z U U J P B G S M W M
O D N G Y B D H O R F C F U A C W R
H D E F C I F Y M T A X B J I T Z T
S L L K O D T L C M X M A K L C C N
I L L X U I B U E J I I J M F X G O
O G Q K T M I P O S T D G N Z U Q V
Z U F K U T S C S P N U U X M H C P
H Y Q H R M S I L V A A N F V L B J
M C G R E G O R K R B T R V J J V L
Q H N C O N D B D M E D T J E C K T
```

TRACK & FIELD
Puzzle # 128

```
U F X T M N H M H G A Y Q W L M N L
S S M C X R A P O Y U T O S P D J F
D P A N Z F W N C T U F K J J I A P
T T R I P L E J U M P X Y R L U V N
X L D X N O L H T A C E D P N T E O
T U N L O B V K R E M M A H T W L Z
O A G W H Z O Z Y E X V I F F Y I O
M V D S T U V L R Q M G G T M I N C
Q E V E A H G Z T I H A N P G U P Y
Q L L L R Q F U N J Q B I T R L Q P
B O Y D A S P L U A A C N Q S S U I
Q P K R M T U M O I S I N S Y Q Z R
D R A U O P P H C N R X U A N E O
U H S H M E O X S P G Y R P F Z S B
O A S H H G C R S I N J A S L S U M
Y B L Z D Z D A O L N F U L N I S H
T U J K A Y C C R G O L D M E D A L
A H Z R J D I S C U S E A M P R D C
```

CRICKET
Puzzle # 129

```
U Z O J I T J U Z U L J B A T Y K J
T M F T M H W H D B Y E O A O A Q F
X K K X M N T S L S A F W I I Y U N
D B G E G Q L F S M R N L Z P L Y Z
R K N I K F J D E O T W A Z A Y V Z
B W I C K E T R U M T O D J C U A Z
T H N K F Z Y G J L V L Q N V I C H
Z Z N U A Q H L C C D H L U L E A L
L P I T C H C C L Y W X R U K J R Y
Y X T N P E T K T O K Z U R F Y E O
E O F B D X A W V A D P N Z P U V I
A J I N S R C E Y Y M T N Q B A W G
D N E S A E R C N R U T E R Y T W U
U G L W W M H J U U M M R B Y J D Y
E P D V S T S B S E N N D R V Z K Y
V C I U A O S T U M P M D B I X E M
G P N D R T H N A M D R I H T Z Y D
B D G T B B I J E B R Y U C O F V O
```

BOXING
Puzzle # 130

```
K I K J N V D J O V L T I I Q C J S
L Z D X C G B M B L E X D N O B I U
O N X E T E B E L R J E Q R T I H V
E Y D S M W N G L E D X E L K Z M L
I X R S A O C P T L L H O M I T T S
R E K A M Y A H N W T S P U N C H E
U C L L S B V I I A C W B H Y O N P
K P L C G H J A E R T S I A F P O O
S O U T H P A W F B I Z B M G N I R
H Z T H U E Y G S U K L R M U B T O
C C D G H A C K O M T M W A R D A C
O H V I M G L L V J P M M D R T N W
P H R E G N E L L A H C R A V G I D
Z X Q W G O F T G X A P A L D F B M
H U W E J D N J A R H P B I C I M P
X I G N A K U O D M I K E T Y S O N
G Q M E X B B J Z N F I M H Z J C Y
Z K T H V Y N X V I P W X R B A S Q
```

Made in the USA
Las Vegas, NV
04 May 2023

71539919R00092